La tecnología de la información aplicada a la empresa

avanza editorial

Editado por:
EDITORIAL FAE, S.L.U.
Correo electrónico: editorial@editorialfae.com

La tecnología de la información aplicada a la empresa
Beatriz Coronado García

1ª Edición

Se ha puesto el máximo empeño en ofrecer a la persona lectora una información completa y precisa. Sin embargo, Editorial FAE, S.L.U. no asume ninguna responsabilidad derivada de su uso ni tampoco de cualquier violación de patentes ni otros derechos de terceras partes que pudieran ocurrir. Esta publicación tiene por objeto proporcionar unos conocimientos precisos y acreditados sobre el tema tratado. Su venta no supone para el editor ninguna forma de asistencia legal, administrativa o de ningún otro tipo.

ISBN: 978-84-1135-393-9

Impreso en España

Índice

U. A. 1. Aportación de las TIC al negocio: nuevas oportunidades

U. A. 2. Organización empresarial: estrategias en la TIC

U. A. 3. Necesidades en TIC de las distintas organizaciones empresariales

U. A. 4. Desarrollo y externalización de sistemas

U. A. 5. Planes de negocio en TIC: la planificación de los sistemas de información

U. A. 6. La seguridad en las transacciones comerciales en internet

U. A. 7. Marketing en la nueva economía

U. A. 8. Procesos de negocio

U. A. 9. El comercio electrónico

U. A. 10. El telemarketing

U. A. 1. Aportación de las TIC al negocio: nuevas oportunidades

Introducción

La llegada de Internet ha transformado profundamente la forma en que funcionan las empresas. Lo que antes requería tiempo, recursos físicos y desplazamientos, ahora puede resolverse en segundos a través de herramientas digitales. Internet ha abierto las puertas a nuevos mercados, ha reducido barreras geográficas y ha hecho posible que cualquier organización, sin importar su tamaño, pueda comunicarse con sus clientes, ofrecer servicios, gestionar equipos y optimizar procesos de forma mucho más ágil.

Además, esta transformación es continua. Surgen constantemente nuevas soluciones tecnológicas como el almacenamiento en la nube, las plataformas de colaboración en línea o las redes sociales como canales de atención y marketing. Internet ya no es solo una herramienta de apoyo, sino el eje central de muchas actividades empresariales, y comprender su impacto es clave para adaptarse a los nuevos modelos de trabajo, comunicación y negocio.

Objetivos

- Conocer y comprender profundamente las definiciones de términos claves utilizados en la prevención de riesgos
- Comprender el papel fundamental de Internet en la transformación de los procesos empresariales.
- Identificar las principales herramientas digitales actuales utilizadas en las empresas, como el almacenamiento en la nube, la colaboración online y las redes sociales.
- Reconocer los beneficios que aporta el uso de Internet a la competitividad y productividad empresarial, así como su influencia en la forma de trabajar y ofrecer servicios.

1. Internet en la empresa: Panorama general y novedades

Internet ha revolucionado por completo el modo en que las empresas se comunican, venden, se organizan y compiten. Lo que antes requería llamadas, visitas presenciales o envíos físicos, ahora puede hacerse en segundos a través de plataformas digitales. Internet ha permitido a cualquier empresa, grande o pequeña, llegar a clientes de todo el mundo, vender sus productos en línea, ofrecer atención al cliente en tiempo real y reducir muchos de sus costes operativos.

Además, constantemente aparecen novedades tecnológicas que mejoran estos procesos. Por ejemplo, la nube permite guardar y compartir documentos sin depender de un ordenador concreto. Las redes sociales se usan no solo para publicidad, sino para conocer mejor al cliente. Y las herramientas de colaboración online, como Google Workspace o Microsoft 365, facilitan el trabajo en equipo, aunque cada persona esté en un lugar distinto.

Anotación

Internet ha pasado de ser una herramienta opcional a ser el corazón de muchas empresas modernas.

2. La productividad en la nueva economía

La llamada Nueva Economía es aquella que se basa en el uso intensivo de la tecnología, la información y la innovación. En este nuevo contexto, la productividad ya no depende solo de la cantidad de horas trabajadas o de la maquinaria disponible, sino de cómo se usa el conocimiento, cómo se gestiona la información y cómo se adoptan nuevas tecnologías.

Fig. 1. La clave de la productividad actual no está en trabajar más, sino en colaborar mejor aprovechando las herramientas digitales

Por ejemplo, una empresa que automatiza parte de sus procesos con software inteligente puede producir más con menos recursos. O una que utiliza datos en tiempo real puede tomar decisiones más acertadas. En esta economía, las empresas más productivas son aquellas que aprenden rápido, se adaptan a los cambios y usan las herramientas digitales para trabajar de manera más eficiente. La formación continua y la flexibilidad se convierten así en elementos clave para mantener la competitividad.

3. Nuevas formas de organización del trabajo

Con el avance de Internet y las nuevas tecnologías, también han cambiado las formas de trabajar y de organizarse dentro de las empresas. Cada vez es más común el teletrabajo, es decir, trabajar desde casa o desde cualquier lugar conectado. También se han extendido las estructuras más horizontales, donde la comunicación fluye mejor y los equipos tienen más autonomía para tomar decisiones.

En una empresa tecnológica dedicada al desarrollo de aplicaciones móviles, el equipo está formado por diseñadores, programadores, responsables de marketing y atención al cliente. En lugar de tener una jerarquía rígida con muchos niveles de mando, todos los miembros del equipo trabajan de forma colaborativa en un espacio digital compartido (como Slack o Microsoft Teams), donde cada persona puede proponer ideas, tomar decisiones rápidas sobre su área y resolver problemas sin necesidad de pasar por varios niveles de supervisión.

Por ejemplo, si el equipo de atención al cliente detecta que muchos usuarios están confundidos con una función de la app, puede comunicarlo directamente al equipo de diseño y desarrollo, que decide modificarla sin esperar una orden directa de un jefe superior. Los líderes del proyecto no controlan cada paso, sino que facilitan la coordinación y apoyan al grupo para que el trabajo fluya. Así, se fomenta la responsabilidad compartida, la innovación y la agilidad, elementos característicos de una estructura horizontal.

Otra novedad es el uso de equipos multidisciplinares, que reúnen a personas de distintas áreas para trabajar juntas en proyectos concretos. Esto mejora la creatividad y acelera los resultados. Además, muchas empresas están apostando por modelos más flexibles, como el trabajo por objetivos en lugar del trabajo por horas, o la contratación por proyectos en vez de por tiempo indefinido.

Fig. 2. Los equipos multidisciplinares enriquecen los proyectos al combinar distintas perspectivas, fomentando soluciones más creativas, completas y adaptadas a la realidad

4. El teletrabajo

El teletrabajo es una forma de organización laboral en la que la persona realiza su actividad profesional fuera del centro de trabajo, normalmente desde casa, utilizando tecnologías de la información y la comunicación (TIC) para mantenerse conectada. Esta modalidad permite una mayor flexibilidad horaria y facilita la conciliación de la vida laboral y personal.

Para que el teletrabajo funcione bien, es esencial establecer normas claras, usar herramientas que permitan la colaboración en línea y mantener una buena comunicación entre los miembros del equipo. La formación en competencias digitales y la confianza mutua entre empresa y persona trabajadora también son elementos clave.

Fig. 3. El teletrabajo transforma la distancia en una oportunidad para conectar, colaborar y producir desde cualquier lugar con la misma eficacia

El teletrabajo se ha afianzado en España como una forma habitual de empleo desde la crisis sanitaria provocada por la COVID-19. Hoy en día, un número considerable de personas trabaja a distancia con frecuencia, aunque el porcentaje varía según el ámbito profesional y el tipo de ocupación. Esta evolución ha hecho que la flexibilidad en el trabajo se convierta en un elemento fundamental para atraer y fidelizar a los profesionales. En muchos casos, se aplica un modelo mixto, en el que los empleados combinan jornadas presenciales con trabajo desde casa entre dos y tres días a la semana. Esta fórmula ayuda a equilibrar mejor la vida laboral con la personal y reduce los tiempos de desplazamiento diario.

Entre las ventajas más destacadas del teletrabajo se encuentran el aumento de la productividad, el ahorro en gastos como transporte o alimentación, la mejora del bienestar emocional y una mayor capacidad para mantener el talento dentro de la empresa. Además, la normativa española ha ido adaptándose para ofrecer mayores garantías a quienes trabajan a distancia. A partir de julio de 2025, las empresas deben asumir los costes relacionados con esta modalidad, ofrecer horarios más flexibles, respetar el derecho a desconectar fuera del horario laboral y formalizar los acuerdos de teletrabajo por escrito. Todo ello busca un equilibrio justo entre los intereses de las organizaciones y el cuidado del personal.

 Saber más

Al eliminar los desplazamientos y tener el trabajo más accesible en casa, muchas personas amplían su jornada de forma inconsciente: comienzan antes, hacen pausas más cortas o revisan correos fuera del horario laboral. Este fenómeno ha llevado a que, en varios países, incluida España, se establezca por ley el derecho a la desconexión digital, para proteger la salud mental y evitar la sobrecarga de trabajo.

5. España en la Nueva Economía

La Nueva Economía se basa en el uso intensivo de la tecnología, el conocimiento y la innovación. Este modelo requiere que las empresas sean más digitales, flexibles y sostenibles, y que los trabajadores y trabajadoras desarrollen nuevas competencias, especialmente en el uso de herramientas tecnológicas. También implica un cambio cultural: es necesario fomentar el emprendimiento, la formación continua y la colaboración entre organizaciones, instituciones y personas.

España está viviendo un proceso de transición hacia un modelo económico más moderno, en el que predominan la digitalización, la automatización de procesos y el compromiso con la sostenibilidad. Este nuevo enfoque ha permitido mantener un ritmo de crecimiento económico constante, situando al país entre los más dinámicos de la zona euro. El mercado laboral también refleja esta evolución, con una mayor estabilidad y un aumento del número de personas empleadas, reduciendo la temporalidad.

Fig. 4. La Nueva Economía exige un cambio de mentalidad donde la tecnología, la formación continua y la colaboración se convierten en los verdaderos motores del progreso

La economía digital, en concreto, ya representa una parte muy significativa del valor económico nacional, con especial peso en regiones como Madrid y Cataluña. No obstante, este avance requiere que tanto empresas como trabajadores/as se adapten continuamente.

La inteligencia artificial, por ejemplo, está transformando muchos empleos tradicionales, pero también abre nuevas salidas profesionales en campos como la tecnología, la salud o el medioambiente. En este contexto, la formación continua y el desarrollo de habilidades digitales y personales se vuelven imprescindibles para mantener la empleabilidad y afrontar con éxito los cambios que trae la Nueva Economía.

6. TIC, nuevas prácticas de trabajo y productividad

Las TIC son las Tecnologías de la Información y la Comunicación. Este término se refiere al conjunto de herramientas, recursos y sistemas tecnológicos que se utilizan para gestionar, procesar, transmitir y compartir información.

Incluyen desde dispositivos físicos como ordenadores, teléfonos móviles o tabletas, hasta programas, plataformas digitales y redes de comunicación como Internet, el correo electrónico, las aplicaciones en la nube o las videollamadas.

Las tecnologías de la información y la comunicación (TIC) han supuesto una transformación radical en la forma en que se organiza y desarrolla el trabajo. Gracias a ellas, es posible realizar tareas desde cualquier ubicación y en cualquier momento, lo que permite una mayor autonomía y mejor gestión del tiempo. Aplicaciones como las videollamadas, los entornos colaborativos en línea o los sistemas de gestión digital facilitan la conexión entre equipos, incluso cuando no se encuentran en el mismo espacio físico.

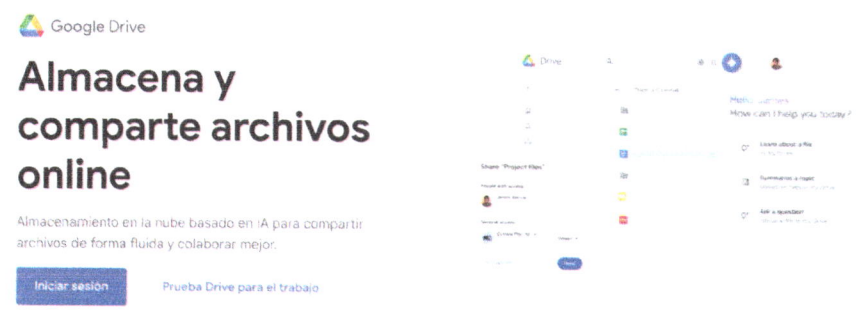

Fig. 5. Google Drive es un ejemplo muy claro de TIC. Esta herramienta permite almacenar, compartir y editar archivos en la nube desde cualquier dispositivo con conexión a Internet

Esto ha dado lugar a nuevas prácticas laborales más ágiles y participativas. Por ejemplo, el trabajo en equipo en línea, la posibilidad de acceder a la documentación desde cualquier lugar o el uso de aplicaciones que permiten organizar el tiempo y los recursos de forma eficiente.

El impacto de las TIC no se limita a la comunicación: también permiten automatizar procesos repetitivos, mejorar la eficiencia y dedicar más recursos a funciones creativas o estratégicas. Esta transformación optimiza el rendimiento de las empresas, y, también mejora la calidad de vida de los trabajadores y trabajadoras, al reducir desplazamientos, facilitar la conciliación y minimizar el estrés. Como resultado, muchas empresas han mejorado su productividad, es decir, la capacidad de obtener más resultados con menos recursos.

Importante

Para aprovechar al máximo estas ventajas, es importante que las personas estén formadas digitalmente, que se promueva un uso responsable de la tecnología y que se adapten los modelos de organización a esta nueva realidad.

Resumen

Internet ha cambiado radicalmente la forma en que operan las empresas, permitiendo una gestión más ágil, una comunicación más directa y una expansión comercial sin límites geográficos. Las herramientas digitales actuales, como el almacenamiento en la nube, las redes sociales o las plataformas de colaboración, han sustituido procesos tradicionales y han hecho posible que tanto pequeñas como grandes empresas puedan competir en igualdad de condiciones. Esta transformación continua obliga a estar en constante actualización, ya que Internet no es solo un recurso, sino una parte central del funcionamiento empresarial moderno.

Además, la aparición constante de nuevas soluciones tecnológicas impulsa una renovación continua en la manera de trabajar. Desde herramientas que permiten gestionar proyectos en tiempo real hasta sistemas de atención al cliente automatizados, el uso estratégico de Internet se ha convertido en un factor clave para la innovación, eficiencia y adaptación al cambio. Las empresas que mejor se adaptan al entorno digital no solo reducen costes, sino que también fortalecen su capacidad para crecer y mantenerse competitivas.

Glosario

Automatización

Uso de tecnología para ejecutar tareas sin intervención humana constante.

Colaboración online

Trabajo conjunto entre personas a través de herramientas digitales desde distintos lugares.

Competitividad

Capacidad de una empresa para destacar frente a otras en un mercado determinado.

Conectividad

Capacidad de un dispositivo o sistema para estar conectado a una red y comunicarse con otros.

E-commerce

Comercio electrónico, es decir, compra y venta de productos o servicios por Internet.

Nube (Cloud)

Sistema que permite almacenar y acceder a datos por Internet, sin necesidad de dispositivos físicos locales.

Plataforma digital

Entorno en línea que ofrece servicios o funciones específicas, como ventas, formación o gestión empresarial.

Redes sociales

Canales digitales utilizados para comunicar, promocionar y relacionarse con el público.

Teletrabajo

Modalidad laboral que permite trabajar desde cualquier lugar usando herramientas TIC.

Transformación digital

Proceso mediante el cual las empresas adoptan tecnologías para mejorar su rendimiento y servicios.

Ejercicios de autoevaluación

1. ¿Qué ha permitido Internet en el entorno empresarial?

a. Reducir costes y ampliar el alcance comercial.

b. Usar exclusivamente papel para la documentación.

c. Vender productos solo de forma local.

d. Eliminar por completo la necesidad de trabajadores.

2. ¿Qué caracteriza a la Nueva Economía?

a. El aislamiento de los mercados globales.

b. La vuelta a procesos manuales.

c. El uso intensivo de tecnología, información e innovación.

d. La producción en cadena sin intervención digital.

3. ¿Cuál de los siguientes es un ejemplo claro de TIC?

a. Un archivador físico.

b. Un buzón de sugerencias.

c. Google Drive.

d. Una reunión presencial.

4. ¿Qué ventaja ofrece el teletrabajo bien gestionado?

a. Mejora de la conciliación personal y laboral.

b. Mayor rigidez horaria.

c. Reducción de la autonomía del trabajador.

d. Aumento del gasto en desplazamientos.

5. ¿Qué implica una estructura horizontal en la empresa?

    a. Comunicación únicamente por escrito.

    b. Más niveles jerárquicos.

    c. Menos participación del equipo.

    d. Mayor autonomía en la toma de decisiones.

6. ¿Qué función cumplen las herramientas de colaboración online?

    a. Aumentar el papeleo.

    b. Permitir trabajar en equipo desde distintos lugares.

    c. Eliminar la necesidad de comunicarse.

    d. Reforzar estructuras piramidales.

7. ¿Qué beneficio aporta el uso de datos en tiempo real en una empresa?

    a. Decisiones más acertadas y rápidas.

    b. Reducción del acceso a la información.

    c. Aislamiento entre departamentos.

    d. Mayor lentitud en la toma de decisiones.

8. ¿Qué es una competencia clave en la Nueva Economía?

    a. Repetir tareas sin cambios.

    b. Evitar la colaboración.

    c. Ignorar las nuevas tecnologías.

    d. Usar herramientas digitales con soltura.

9. ¿Qué permite una organización del trabajo basada en proyectos?

    a. Imposibilidad de teletrabajar.

    b. Menos flexibilidad laboral.

    c. Contratación por objetivos concretos.

    d. Trabajo por horas fijas obligatorias.

10.¿Qué papel tiene la formación continua en las empresas modernas?

a. Se limita al aprendizaje de idiomas.

b. Es opcional y poco útil.

c. Permite adaptarse a los cambios y mejorar la productividad.

d. Solo se aplica a puestos técnicos.

U. A. 2. Organización empresarial: estrategias en la TIC

Introducción

En el contexto actual, las Tecnologías de la Información (TI) han dejado de ser un simple recurso de soporte para convertirse en un componente estratégico dentro de las organizaciones. Su correcta integración en la planificación empresarial permite automatizar procesos, aumentar la eficiencia, tomar decisiones más precisas gracias al análisis de datos en tiempo real y reforzar la seguridad frente a amenazas digitales. Esta sinergia entre TI y negocio es imprescindible para mejorar la competitividad y adaptarse con agilidad a un entorno cada vez más digital y cambiante.

Para que esta relación sea efectiva, es fundamental que las decisiones tecnológicas estén alineadas con los objetivos globales de la empresa. Solo así la tecnología podrá actuar como un motor real de innovación, productividad y orientación al cliente.

Objetivos

- Analizar cómo la integración de las Tecnologías de la Información contribuye a la consecución de los objetivos empresariales, mejorando la eficiencia operativa, la competitividad y la toma de decisiones.
- Reflexionar sobre la importancia de alinear las estrategias de TI con la visión y los planes de negocio, identificando casos concretos como la automatización, la ciberseguridad o el análisis de datos como herramientas clave en ese proceso.

1. La relación entre la organización de TI y el negocio

Actualmente, el vínculo entre las Tecnologías de la Información (TI) y la estrategia empresarial resulta esencial para lograr buenos resultados organizativos. Lejos de limitarse a una función técnica de soporte, las TI han pasado a desempeñar un papel estratégico que impulsa la innovación, mejora la productividad y refuerza la competitividad de las empresas. Para que esta sinergia funcione, es fundamental que las metas tecnológicas estén alineadas con la planificación estratégica del negocio. Es decir, cada decisión relacionada con TI debe evaluarse según su impacto en el desarrollo empresarial, la rentabilidad y la experiencia del cliente.

Un ejemplo claro de este alineamiento es el uso de herramientas de automatización, que permiten minimizar errores manuales y agilizar tareas rutinarias. Esto se traduce en procesos más eficientes y una mejor capacidad de adaptación ante las exigencias del mercado. Por otra parte, la seguridad de la información y la ciberprotección son ya componentes clave para garantizar la confianza de los clientes y aliados en un entorno digital. Además, el uso de análisis de datos en tiempo real posibilita que la dirección tome decisiones más certeras y alineadas con las necesidades del negocio.

Fig. 1. La automatización, la seguridad y el análisis de datos son tres pilares que convierten a las TI en el motor estratégico de la empresa moderna

Cuando las TI se integran en toda la organización, se favorece la creación de modelos de negocio ágiles, sostenibles y centrados en el usuario. Para ello, es necesario fomentar una cultura organizacional abierta al cambio, que promueva la innovación, el aprendizaje constante y la colaboración entre departamentos, incluyendo el tecnológico.

2. Las buenas prácticas en la gestión del servicio: ITIL

El marco ITIL (Information Technology Infrastructure Library) se ha consolidado como la referencia internacional más destacada en la gestión de servicios de TI. Su propósito es ayudar a las organizaciones a ofrecer servicios eficientes, alineados con el negocio y orientados a la satisfacción del cliente.

Este enfoque se sustenta en varios pilares fundamentales:

- **Orientación al usuario**: ITIL sitúa al cliente en el centro, garantizando que los servicios de TI aporten valor real al negocio.
- **Procesos definidos**: Establece procedimientos estructurados y replicables, lo que facilita el control y mejora de la calidad.
- **Gestión del ciclo de vida del servicio**: Cubre todas las etapas, desde la estrategia y el diseño hasta la operación y mejora continua.
- **Cultura de mejora continua**: Promueve la evaluación constante de los procesos y su ajuste a nuevas necesidades.

Entre las mejores prácticas de ITIL destacan:

- **Evaluar el punto de partida**: Analizar los procesos actuales antes de introducir cambios.
- **Estandarizar y automatizar**: Diseñar procesos uniformes y utilizar herramientas automáticas para reducir errores y tiempos de respuesta.
- **Establecer SLA (Acuerdos de Nivel de Servicio)**: Fijar expectativas claras sobre calidad y tiempos de respuesta.
- **Gestión eficaz de incidentes**: Resolver interrupciones con rapidez y escalar los problemas según su nivel de gravedad.
- **Cultura centrada en el servicio**: Motivar al equipo de TI para que se enfoque en el valor entregado y en mejorar la experiencia del usuario.

3. Gestión del nivel de servicio

La gestión del nivel de servicio tiene como finalidad asegurar que los servicios tecnológicos realmente respondan a lo que la empresa necesita y espera. Para ello, se establecen y administran los Acuerdos de Nivel de Servicio (SLA), que representan compromisos formales entre el área de TI y sus clientes en relación con la calidad, disponibilidad y rendimiento de los servicios ofrecidos. Estos acuerdos definen indicadores concretos, como el tiempo de respuesta, la disponibilidad del servicio o el tiempo de resolución de incidencias, lo que permite que ambas partes compartan una visión clara y común.

A continuación, se expone un ejemplo de Acuerdo de Nivel de Servicio (SLA):

SLA
Acuerdos de nivel de servicio

Soporte técnico de TI para una empresa de comercio electrónico

Servicio cubierto:
- Soporte técnico TI para la plataforma de ventas online (24/7).
- Tiempo de respuesta garantizado (SLA).
- Incidencias críticas (caída de servicio): respuesta en menos de 30 minutos.
- Solicitudes menores (crear cuenta, cambiar contraseña): respuesta en 8 horas laborales.

Indicadores de calidad acordados:
- Disponibilidad del sistema: mínimo 99,8 % mensual.
- Tasa de resolución en primer contacto: al menos 85 %.
- Penalizaciones por incumplimiento: Reducción del 10 % en la factura mensual si no se cumple el umbral de disponibilidad acordado.

El proceso abarca desde la planificación y diseño de los servicios, pasando por la implantación de los SLA, hasta la vigilancia constante de su cumplimiento. En caso de desviaciones, se toman medidas correctoras y se ajustan los acuerdos para adaptarlos a las nuevas necesidades. Además, esta gestión promueve una comunicación fluida y continua entre todos los implicados, fomentando la transparencia y la mejora continua.

4. Gestión de la capacidad

La gestión de la capacidad se centra en garantizar que los recursos tecnológicos estén preparados para cubrir tanto las demandas actuales como las futuras del negocio, de forma eficiente y económica. Esto requiere una planificación cuidadosa del uso de infraestructura —como servidores, almacenamiento o redes—, y una vigilancia constante para evitar sobrecargas o infrautilización de recursos.

Fig. 2. Monitorizar el uso de servidores y redes permite ajustar la infraestructura a las necesidades reales del negocio, evitando tanto cuellos de botella como recursos desaprovechados

El enfoque es tanto preventivo como estratégico, considerando las necesidades a corto, medio y largo plazo. Se evalúa de forma continua si los recursos disponibles pueden mantener los niveles de servicio pactados, y si se anticipa un crecimiento en la demanda, se preparan las ampliaciones necesarias. Esto permite mantener la calidad del servicio, controlar costes y evitar tanto inversiones innecesarias como fallos por falta de capacidad.

5. Gestión de la continuidad del servicio TI

La gestión de la continuidad del servicio TI tiene como misión garantizar que, ante incidentes graves como desastres naturales, ataques informáticos o caídas del sistema, los servicios críticos sigan funcionando o se recuperen en el menor tiempo posible. El objetivo es minimizar el impacto de estas situaciones y asegurar la operatividad de la empresa.

Para ello, se desarrollan planes de continuidad y recuperación, que recogen los procedimientos a seguir cuando se produce una interrupción. También se realizan pruebas regulares y se identifican los servicios prioritarios para acelerar su restauración. Gracias a esta planificación, la organización puede proteger su imagen, cumplir con la normativa y evitar pérdidas económicas importantes.

Ejemplo

Una empresa de servicios financieros opera una plataforma online donde los clientes consultan saldos, hacen transferencias y gestionan inversiones. Un día, un fallo eléctrico en el centro de datos provoca una caída total del sistema. Gracias a su plan de continuidad del servicio TI, el equipo activa inmediatamente los protocolos establecidos: se redirige el tráfico a un servidor de respaldo ubicado en otra ciudad y se informa a los clientes a través de canales oficiales.
En menos de 45 minutos, el servicio está funcionando de nuevo, con todos los datos protegidos y sin pérdidas. Este plan, que había sido probado varias veces al año, permitió reaccionar con rapidez, priorizar los sistemas críticos y evitar un impacto negativo en la reputación de la empresa. Sin esa preparación, la caída podría haber durado horas y generado pérdidas millonarias.

6. Gestión de la disponibilidad

El objetivo de la gestión de la disponibilidad es que los servicios tecnológicos estén disponibles y operativos cuando los usuarios los necesiten, cumpliendo con los niveles de servicio comprometidos. Para lograrlo, se realiza un seguimiento continuo de los sistemas, se detectan riesgos de interrupción y se aplican acciones preventivas.

Esto implica analizar cada componente de la infraestructura, implementar mecanismos redundantes que aseguren la continuidad del servicio, y programar mantenimientos planificados que minimicen los tiempos de inactividad. Así, se mejora la experiencia de uso y se refuerza la confianza en los servicios TI.

Ejemplo

Para evitar que una situación como la caída del sistema vuelva a ocurrir, la empresa financiera aplica medidas de gestión de la disponibilidad. Ha implementado servidores redundantes en diferentes ubicaciones geográficas, un sistema de monitorización 24/7 y alertas automáticas ante cualquier anomalía. Además, realiza mantenimientos programados en horario nocturno, minimizando así el impacto en la operativa diaria.

Gracias a este enfoque, la plataforma mantiene una disponibilidad superior al 99,9 % mensual, cumpliendo los acuerdos establecidos con sus clientes. Los usuarios pueden operar con confianza, sabiendo que el servicio estará activo siempre que lo necesiten.

7. Gestión financiera de los servicios de TI

La gestión financiera de los servicios TI tiene como finalidad controlar y optimizar los costes relacionados con la provisión de tecnología. Incluye la planificación presupuestaria, el análisis del gasto y la evaluación de inversiones, con el fin de garantizar un uso eficaz de los recursos y demostrar el valor que TI aporta al negocio.

Fig. 3. Un tablero de control permite visualizar en tiempo real el rendimiento de los servicios TI, facilitando decisiones rápidas y fundamentadas sobre costes, disponibilidad y eficiencia operativa

Una administración financiera eficiente hace posible tomar decisiones acertadas sobre nuevas inversiones, identificar oportunidades de ahorro, y justificar los gastos ante la dirección. También facilita la definición de precios adecuados para servicios internos o externos, alineando el coste con los beneficios reales que obtiene la organización.

8. Centro de servicio al usuario

El centro de servicio al usuario, también conocido como *Service Desk* o mesa de servicios, se ha convertido en una pieza esencial dentro de la gestión de las Tecnologías de la Información (TI) en cualquier organización. Su propósito principal es actuar como el punto de contacto único entre los usuarios y el área de TI, favoreciendo una comunicación fluida y una gestión centralizada y eficaz de cualquier tipo de problema técnico.

Fig. 4. El Service Desk actúa como el puente entre los usuarios y el departamento de TI

Cuando un empleado, cliente o colaborador externo encuentra dificultades con un sistema tecnológico —como problemas de acceso, errores en aplicaciones, o la necesidad de cambiar una contraseña—, el centro de servicio es el primer recurso al que se recurre. Este modelo permite registrar, clasificar y gestionar todas las incidencias y solicitudes, garantizando una atención adecuada y el cumplimiento de los Acuerdos de Nivel de Servicio (SLA) definidos con la empresa.

Las funciones principales del centro de servicio incluyen:

- **Gestión de incidentes**: Detectar, registrar y solucionar fallos técnicos para restaurar el funcionamiento normal del servicio lo antes posible.
- **Atención a solicitudes de servicio**: Procesar peticiones habituales, como nuevas cuentas de usuario, instalación de programas o asignación de permisos.

- **Comunicación y coordinación**: Informar al usuario del estado de su incidencia y coordinar la participación de otros equipos técnicos si es necesario.
- **Gestión del conocimiento**: Crear y mantener una base de datos con soluciones comunes, lo que permite resolver problemas repetitivos con mayor agilidad.
- **Supervisión y generación de informes**: Analizar el rendimiento del servicio, elaborar informes técnicos y detectar áreas que pueden mejorarse.

 Anotación

Un Service Desk bien gestionado debe optimizar la experiencia del usuario, mejorar la productividad y permitir que el departamento de TI se concentre en tareas estratégicas y en el desarrollo continuo de los servicios.

Resumen

Las TI han dejado de ser un simple soporte técnico para convertirse en un componente estratégico que impulsa la innovación, mejora la eficiencia y refuerza la competitividad. Para que este enfoque funcione, es necesario alinear los objetivos tecnológicos con los del negocio.

Este alineamiento se traduce en decisiones más inteligentes basadas en el análisis de datos, mayor capacidad de adaptación a los cambios del mercado y una gestión más eficaz de los procesos gracias a la automatización. Además, la ciberseguridad y la protección de la información son elementos clave que generan confianza en clientes y socios. Integrar las TI en todos los niveles de la empresa permite crear modelos más ágiles, sostenibles y orientados al cliente, fomentando una cultura abierta al cambio y la colaboración entre áreas.

Glosario

Alineamiento estratégico

Coordinación entre las metas del negocio y las decisiones del área tecnológica para lograr resultados coherentes y efectivos.

Análisis de datos en tiempo real

Procesamiento inmediato de datos para obtener información útil que apoye la toma de decisiones empresariales.

Automatización

Uso de tecnologías para ejecutar tareas repetitivas sin intervención humana, mejorando la eficiencia y reduciendo errores.

Ciberseguridad

Conjunto de medidas y prácticas destinadas a proteger sistemas, redes y datos frente a ataques o accesos no autorizados.

Competitividad

Habilidad de una empresa para destacarse en su mercado ofreciendo productos o servicios con mayor valor que sus competidores.

Cultura organizacional

Conjunto de valores, normas y comportamientos compartidos por todos los miembros de una organización.

Estrategia empresarial

Plan a largo plazo que define los objetivos de una empresa y las acciones necesarias para alcanzarlos.

Productividad

Capacidad de una empresa para generar resultados eficaces con el menor uso posible de recursos.

Tecnologías de la Información

Conjunto de recursos tecnológicos usados para gestionar, almacenar y transmitir información dentro de una organización.

Transformación digital

Integración de tecnología digital en todos los aspectos del negocio para mejorar su funcionamiento y ofrecer mayor valor al cliente.

Ejercicios de autoevaluación

1. ¿Cuál es el papel actual de las TI dentro de una organización moderna?

a. Solo gestionar equipos informáticos.

b. Servir como herramienta estratégica para impulsar el negocio.

c. Apoyar únicamente al área de soporte técnico.

d. Controlar el acceso a Internet de los empleados.

2. ¿Qué condición es esencial para que las TI aporten valor real a la empresa?

a. Que utilicen solo herramientas gratuitas.

b. Que tengan su propio presupuesto independiente.

c. Que sus objetivos estén alineados con los del negocio.

d. Que estén aisladas del resto de departamentos.

3. ¿Qué beneficios aporta la automatización en la organización?

a. Provoca más errores humanos.

b. Agiliza procesos y reduce errores.

c. Aumenta el número de tareas manuales.

d. Elimina la necesidad de supervisión humana.

4. ¿Qué función cumple el análisis de datos en tiempo real en una empresa?

a. Permite tomar decisiones más rápidas y precisas.

b. Sustituye al equipo de atención al cliente.

c. Disminuye la capacidad de respuesta del negocio.

d. Ayuda a diseñar logotipos y campañas de marketing.

5. ¿Por qué es importante la ciberseguridad en el entorno actual?

    a. Porque elimina la necesidad de copias de seguridad.

    b. Porque mejora la imagen visual del sitio web.

    c. Porque asegura la protección de datos y la confianza de clientes.

    d. Porque impide que los empleados visiten redes sociales.

6. ¿Qué caracteriza a una empresa con buena integración de TI?

    a. Depende exclusivamente de proveedores externos.

    b. Utiliza TI solo para tareas administrativas.

    c. Aplica tecnología en todos los niveles para ser más ágil y sostenible.

    d. Solo invierte en hardware nuevo.

7. ¿Qué se entiende por alineamiento estratégico entre TI y negocio?

    a. Que las decisiones tecnológicas respondan a los objetivos empresariales.

    b. Que ambos usen los mismos ordenadores.

    c. Que TI defina los objetivos del negocio.

    d. Que cada departamento actúe de forma independiente.

8. ¿Cuál es una consecuencia directa de integrar TI en la estrategia empresarial?

    a. Disminución del trabajo en equipo.

    b. Reducción del uso de tecnología.

    c. Mejora en la toma de decisiones y en la competitividad.

    d. Aumento de trámites burocráticos.

9. **¿Qué tipo de cultura debe fomentar una empresa que quiera integrar bien sus TI?**

   a. Conservadora y cerrada al cambio.

   b. Abierta al aprendizaje, colaboración e innovación.

   c. Rígida y jerárquica.

   d. Exclusiva para el departamento técnico.

10. **¿Qué elemento NO está relacionado directamente con el papel estratégico de las TI?**

   a. Automatización de procesos.

   b. Diseño de uniformes corporativos.

   c. Ciberseguridad

   d. Análisis de datos en tiempo real.

U. A. 3. Necesidades en TIC de las distintas organizaciones empresariales

Introducción

En el contexto actual, las grandes corporaciones operan en un escenario marcado por la digitalización constante, una competencia cada vez más intensa y un mercado global en continua evolución. En este entorno, las Tecnologías de la Información y la Comunicación (TIC) han dejado de ser un mero apoyo operativo para convertirse en un pilar estratégico fundamental. Herramientas como la inteligencia artificial, la automatización avanzada, la analítica en tiempo real y las soluciones de ciberseguridad son hoy clave para que estas organizaciones puedan innovar, adaptarse rápidamente a los cambios y mantener una posición de liderazgo.

Al mismo tiempo, la complejidad y conexión de los sistemas tecnológicos han impulsado la adopción de infraestructuras híbridas y multicloud, espacios de colaboración virtual y esquemas de trabajo más dinámicos y descentralizados. Estos avances modifican los procesos internos, sino que también redefinen la manera en que las grandes empresas toman decisiones y se vinculan con su entorno.

Objetivos

- Analizar cómo las grandes empresas integran tecnologías como la inteligencia artificial, la automatización y el análisis de datos para optimizar su rendimiento, reducir costes y mejorar su posicionamiento competitivo.
- Reflexionar sobre el papel estratégico de la ciberseguridad, las infraestructuras digitales y los entornos colaborativos en la transformación organizativa de las grandes corporaciones.

1. Las TIC en las grandes empresas

En las grandes organizaciones, el papel de las Tecnologías de la Información y la Comunicación (TIC) ha evolucionado hacia una función estratégica clave. La inteligencia artificial, la automatización, el análisis avanzado de datos y la ciberseguridad se han consolidado como elementos esenciales para mantener la competitividad y mejorar la eficiencia en un mundo cada vez más digitalizado y global.

Fig. 1. La inteligencia artificial es capaz de conectar funciones clave como la seguridad, la conectividad, la automatización y la gestión de datos desde un dispositivo móvil

En 2025, muchas compañías están incorporando con fuerza la inteligencia artificial generativa, que permite automatizar tareas creativas, ofrecer atención personalizada y optimizar procesos internos, generando ahorros significativos de tiempo y recursos, además de impulsar la innovación.

El uso de datos en tiempo real y la adopción de una cultura empresarial orientada por datos (data-driven) permiten a las empresas tomar decisiones más acertadas y rápidas, ajustando sus productos y servicios a las necesidades cambiantes del mercado.

La infraestructura híbrida y multicloud se consolida como otra tendencia relevante, ya que permite combinar recursos locales con servicios en la nube, logrando mayor escalabilidad, flexibilidad operativa y seguridad.

Al mismo tiempo, la ciberseguridad se ha convertido en un aspecto prioritario. Con el aumento de la digitalización, también crecen los riesgos de ciberataques, por lo que las grandes corporaciones están invirtiendo en sistemas de protección basados en IA y análisis predictivos. Estas soluciones permiten proteger los activos digitales y mantener la confianza de clientes, proveedores y socios estratégicos.

Además, tecnologías como la realidad virtual y los entornos de trabajo inmersivos están cambiando la manera de colaborar y formarse, favoreciendo modelos de trabajo remoto más eficaces y dinámicos.

2. Impacto de la tecnología en los resultados del negocio

El uso de tecnologías avanzadas tiene un efecto cada vez más evidente y cuantificable en los resultados de negocio.

Herramientas como la inteligencia artificial, la automatización y el análisis de datos ayudan a las empresas a ser más productivas, a reducir sus costes y a generar nuevas oportunidades de innovación.

Por ejemplo, la IA generativa tiene el potencial de aportar miles de millones al PIB de un país gracias a la optimización de procesos y la creación de nuevos modelos empresariales.

A continuación, se exponen algunas situaciones concretas, cada una relacionada con una tecnología (inteligencia artificial, automatización, ciberseguridad, conectividad y análisis de datos), indicando su impacto en el negocio y los resultados esperados:

Situación	Tecnología aplicada	Herramientas	Impacto en el negocio	Resultados esperados
Un comercio online quiere responder automáticamente a sus clientes	Inteligencia Artificial (IA)	ChatGPT, Zendesk AI, Freshchat con IA	Mejora de la atención al cliente sin aumentar plantilla	Disponibilidad 24/7, aumento de satisfacción y fidelización
Una pyme quiere reducir el tiempo dedicado a tareas administrativas	Automatización de procesos	Zapier, Make (Integromat), Microsoft Power Automate	Optimización del tiempo del personal y reducción de errores	Ahorro de costes operativos y aumento de la productividad
Una asesoría debe proteger datos confidenciales de sus clientes	Ciberseguridad basada en IA	Microsoft Defender for Business, CrowdStrike Falcon, Bitdefender GravityZone	Protección frente a ataques y cumplimiento normativo	Evita brechas de seguridad, garantiza confianza y evita sanciones legales
Una empresa con sedes en varias ciudades necesita trabajar en equipo	Conectividad y trabajo en la nube	Google Workspace, Microsoft 365, Slack + Zoom	Mejora de la colaboración remota y acceso simultáneo a la información	Fluidez operativa, reducción de desplazamientos y mejora en la eficiencia
Una cadena de tiendas quiere saber qué productos se venden más y cuándo	Análisis de datos en tiempo real	Google Looker Studio, Power BI, Tableau	Toma de decisiones basada en datos precisos	Optimización de inventario y campañas, aumento de ventas

La tecnología también mejora la toma de decisiones estratégicas al proporcionar información precisa y en tiempo real, permitiendo a las organizaciones anticiparse a los movimientos del mercado y reaccionar con agilidad ante los cambios. La automatización inteligente reduce los errores, acelera los flujos de trabajo y libera al personal para que pueda centrarse en tareas de mayor valor añadido.

 **Importante**

Es necesario abordar con responsabilidad cuestiones como la ciberseguridad y el uso ético de la inteligencia artificial. Una gestión preventiva y consciente de estos aspectos es clave para evitar impactos negativos tanto en la reputación como en los resultados financieros de las empresas.

3. Las TIC en las PYMEs

En el año 2025, las Tecnologías de la Información y la Comunicación (TIC) se han consolidado como un recurso clave para que las pequeñas y medianas empresas (PYMEs) puedan mantenerse activas, crecer y competir en un entorno digital. Herramientas como la inteligencia artificial o la automatización de tareas, antes reservadas a grandes empresas, están hoy al alcance de las PYMEs.

Por ejemplo, muchas ya implementan chatbots para responder a los clientes, sistemas de recomendación para personalizar las ventas o asistentes virtuales que ayudan en la gestión diaria. Todo ello permite optimizar tiempos, minimizar errores y ofrecer una experiencia más eficiente y profesional.

Fig. 2. Un chatbot permite ofrecer atención al cliente inmediata y continua, resolviendo dudas frecuentes de forma automática y mejorando la experiencia del usuario sin necesidad de intervención humana constante

El modelo SaaS (Software como Servicio) ha sido determinante en este cambio, ya que permite a las empresas acceder a aplicaciones avanzadas pagando solo por lo que utilizan, sin necesidad de realizar inversiones costosas. Además, el trabajo en la **nube** facilita la colaboración entre equipos y el teletrabajo, al ofrecer acceso remoto a herramientas y datos desde cualquier lugar.

Vocabulario

El **modelo SaaS** (Software as a Service) permite acceder a aplicaciones y servicios informáticos a través de Internet sin necesidad de instalarlos en el equipo local ni realizar grandes inversiones iniciales. En lugar de comprar licencias perpetuas, las empresas pagan una suscripción mensual o anual según el uso que hagan del software, lo que reduce costes, facilita la escalabilidad y permite acceder siempre a la versión más actualizada. Este modelo es especialmente útil para pymes, ya que les da acceso a herramientas avanzadas de gestión, comunicación o análisis sin necesidad de infraestructura propia.

Como sabemos, un aspecto que no pueden descuidar es la seguridad digital. Ante el crecimiento de los ciberataques, las PYMEs deben proteger sus sistemas mediante soluciones ajustadas a sus recursos, como herramientas de detección automatizada de amenazas y formación específica en buenas prácticas digitales para su plantilla.

Algunos ejemplos de buenas prácticas digitales en ciberseguridad son:

1. Usar contraseñas seguras y únicas:
    o Combinar letras mayúsculas y minúsculas, números y símbolos.
    o No repetir contraseñas en diferentes servicios.
2. Activar la verificación en dos pasos (2FA): Añade una capa extra de seguridad al iniciar sesión, mediante SMS, app de autenticación o clave física.
3. Actualizar sistemas y aplicaciones regularmente: Instalar siempre las últimas versiones para corregir vulnerabilidades conocidas.
4. Evitar redes Wi-Fi públicas para tareas sensibles: No acceder a banca online o cuentas personales desde redes abiertas sin protección.
5. Formar al personal en ciberseguridad: Enseñar a detectar correos sospechosos, phishing o fraudes digitales.

6. Realizar copias de seguridad frecuentes: Guardar archivos importantes en sistemas externos o en la nube de forma periódica.

7. Usar software antivirus y antimalware actualizado: Proteger dispositivos ante amenazas comunes y nuevas variantes de código malicioso.

8. Revisar permisos de aplicaciones y dispositivos: Limitar el acceso innecesario a cámara, micrófono o datos personales.

9. Gestionar adecuadamente los accesos a la información: Asignar roles y permisos según el perfil del usuario en entornos empresariales.

10. Cerrar sesión tras el uso y bloquear dispositivos.

11. Evitar accesos no autorizados en ordenadores compartidos o móviles sin supervisión.

También gana fuerza la integración de plataformas: conectar programas de gestión (ERP), herramientas CRM o sistemas de comunicación ayuda a evitar redundancias, mejora la productividad y proporciona una visión más clara del negocio. Por otro lado, el uso de estrategias de marketing digital personalizado, apoyadas en el análisis de datos, permite a las pequeñas empresas llegar a nuevos públicos y fidelizar mejor a sus clientes actuales.

Anotación

Adoptar las TIC es hoy una condición necesaria para que las PYMEs puedan ser más competitivas, flexibles y sostenibles, adaptándose a un mercado en constante transformación.

4. Las TIC en la Administración Pública

En el ámbito de las administraciones públicas, las TIC se han convertido en un instrumento fundamental para modernizar la gestión, mejorar la eficiencia interna y avanzar hacia una administración más transparente y accesible. Gracias a la digitalización de trámites y a la automatización de procesos, ciudadanos y empresas pueden realizar gestiones de forma rápida y cómoda, sin esperas ni desplazamientos innecesarios.

Fig. 3. El uso de las TIC también acerca la Administración a la ciudadanía, fomentando una gestión más ágil, participativa e inclusiva

La transformación digital de la Administración Pública española ha avanzado notablemente en los últimos años, situando a España como uno de los países líderes en digitalización según el Índice de Economía y Sociedad Digital (DESI) de la Comisión Europea. El desarrollo y aplicación de las Tecnologías de la Información y la Comunicación (TIC) han sido clave para modernizar las instituciones públicas, simplificar trámites, aumentar la eficiencia de los servicios, y fomentar tanto la transparencia como la participación ciudadana.

Este proceso de evolución digital ha sido posible gracias a un marco normativo sólido, estrategias nacionales bien definidas y una creciente demanda por parte de la ciudadanía y las empresas de servicios públicos más ágiles y accesibles. Entre los recursos más representativos se encuentran la *Carpeta Ciudadana*, el sistema *Cl@ve* y la *factura electrónica*, herramientas que facilitan la interacción entre personas y administración, permitiendo, por ejemplo, consultar notificaciones oficiales, firmar documentos digitalmente o gestionar pagos públicos de forma segura y centralizada.

Uno de los pilares fundamentales para que esta transformación funcione es la interoperabilidad entre las distintas administraciones públicas. En este ámbito, destacan el sistema SARA y la Red SARA, infraestructuras tecnológicas que permiten el intercambio seguro de datos y servicios entre los niveles estatal, autonómico y local, cumpliendo con el Esquema Nacional de Interoperabilidad (ENI). Estas redes evitan la duplicidad de sistemas y promueven una comunicación fluida y coherente, además de contar con medidas avanzadas de ciberseguridad y conexión con redes europeas como sTESTA.

El Gobierno de España ha reforzado esta evolución con planes estratégicos como el Plan de Digitalización de las Administraciones Públicas 2021-2025, que contempla una inversión de 2.600 millones de euros para ampliar la cobertura digital, fortalecer la ciberseguridad y aplicar tecnologías emergentes como la inteligencia artificial o el Big Data. En esa misma línea, la Estrategia Nacional de Inteligencia Artificial (ENIA) fomenta el uso de IA en la gestión y análisis de datos públicos, y el ambicioso Plan España Digital 2026 busca alcanzar el 100 % de accesibilidad online de los servicios públicos.

Los resultados ya son visibles en distintos ámbitos. En el sector sanitario, la implantación de la receta electrónica interoperable y el historial clínico digital compartido han mejorado la coordinación entre comunidades autónomas. En justicia, sistemas como LexNET han digitalizado los procesos judiciales, agilizando la comunicación entre juzgados y profesionales del derecho. A nivel local, muchas ciudades como Valencia o Málaga avanzan hacia el modelo de gobierno inteligente, usando tecnologías IoT para mejorar servicios como transporte público, iluminación urbana y gestión de residuos.

En términos de transparencia y participación, plataformas como el Portal de Transparencia y el Registro de Lobbies refuerzan el acceso a la información pública y la rendición de cuentas de las instituciones.

Resumen

En las grandes empresas, las TIC impulsan la eficiencia y la innovación mediante el uso de inteligencia artificial, automatización, análisis de datos y soluciones avanzadas de ciberseguridad. Estas tecnologías no solo optimizan procesos internos, sino que también permiten adaptarse rápidamente a los cambios del mercado y mejorar la toma de decisiones.

En el caso de las pequeñas y medianas empresas (PYMEs), las TIC ofrecen oportunidades para mejorar la atención al cliente, automatizar tareas rutinarias y adoptar soluciones tecnológicas mediante modelos como el SaaS, que facilita el acceso a herramientas profesionales sin grandes inversiones. La ciberseguridad, incluso con recursos limitados, se vuelve fundamental para proteger la información sensible.

Por otro lado, en la Administración Pública, la transformación digital ha permitido una gestión más ágil, participativa y transparente. Gracias a sistemas como Red SARA, la factura electrónica y plataformas como Cl@ve o Carpeta Ciudadana, se han simplificado los trámites y se ha potenciado la interoperabilidad entre instituciones. Todo ello ha reforzado la relación entre administración y ciudadanía, avanzando hacia un modelo de servicios públicos más accesible y eficiente.

U. A. 3. Necesidades en TIC de las distintas organizaciones empresariales

Glosario

Análisis de datos en tiempo real

Técnica que permite procesar y visualizar datos de forma inmediata para apoyar decisiones rápidas y basadas en información actualizada.

Automatización de procesos

Uso de software o sistemas tecnológicos para ejecutar tareas repetitivas sin intervención humana, reduciendo errores y mejorando la eficiencia.

Ciberseguridad

Conjunto de herramientas, políticas y prácticas diseñadas para proteger sistemas informáticos y datos frente a amenazas digitales.

Data-driven (orientación por datos)

Enfoque empresarial en el que las decisiones se toman en función del análisis de datos objetivos y no solo por intuición o experiencia previa.

Entorno colaborativo virtual

Espacio digital que permite a los equipos trabajar de forma remota compartiendo información, archivos y herramientas de comunicación.

Infraestructura multicloud

Modelo tecnológico que combina servicios de distintas nubes (públicas y privadas), permitiendo mayor flexibilidad, escalabilidad y seguridad.

Inteligencia Artificial (IA)

Tecnología que permite a las máquinas simular procesos de pensamiento humano como el aprendizaje, el análisis y la toma de decisiones.

Red SARA

Infraestructura de comunicaciones segura que conecta a las administraciones públicas en España, facilitando la interoperabilidad y el intercambio de datos.

SaaS (Software as a Service)

Modelo de distribución de software en el que se accede a las aplicaciones a través de Internet mediante suscripción, sin necesidad de instalación local.

Transformación digital

Proceso mediante el cual las organizaciones integran tecnologías digitales en todas sus áreas para mejorar su funcionamiento y aportar valor al cliente.

Ejercicios de autoevaluación

1. **¿Cuál de las siguientes afirmaciones refleja el papel actual de las TIC en las grandes empresas?**

    a. Se utilizan únicamente para tareas administrativas básicas.

    b. Son herramientas secundarias sin impacto directo en la estrategia.

    c. Son un componente estratégico que impulsa innovación y eficiencia.

    d. Solo se usan en departamentos técnicos.

2. **¿Qué permite la inteligencia artificial generativa en las organizaciones actuales?**

    a. Proteger sistemas informáticos ante amenazas externas.

    b. Compartir documentos entre empleados.

    c. Controlar redes internas sin supervisión.

    d. Automatizar tareas creativas y personalizar servicios.

3. **¿Qué ventaja aporta el uso de datos en tiempo real a las empresas?**

    a. Tomar decisiones más rápidas y ajustadas al mercado.

    b. Eliminar la necesidad de supervisión humana.

    c. Reducir el número de trabajadores.

    d. Evitar inversiones en ciberseguridad.

4. **¿Cuál es una característica principal del modelo SaaS (Software as a Service)?**

    a. Requiere instalación en los servidores internos de la empresa.

    b. Se paga por adelantado con una licencia perpetua.

    c. Se accede por suscripción a través de Internet.

    d. Solo está disponible para grandes corporaciones.

5. ¿Qué es la infraestructura multicloud?

    a. El uso exclusivo de una nube pública.

    b. La combinación de varias nubes públicas y privadas.

    c. La instalación de servidores físicos en varias sedes.

    d. El uso de una red social empresarial para compartir datos.

6. ¿Qué función tiene Red SARA dentro de la Administración Pública española?

    a. Gestionar las cuentas bancarias del Estado.

    b. Centralizar los servicios de marketing digital.

    c. Facilitar el intercambio seguro de datos entre administraciones.

    d. Controlar la distribución de fondos europeos.

7. ¿Qué herramienta digital mejora la atención al cliente sin aumentar plantilla en un comercio online?

    a. ERP personalizado.

    b. Gestor de bases de datos.

    c. Chatbot con inteligencia artificial.

    d. CRM manual.

8. ¿Por qué es importante la ciberseguridad en las pymes?

    a. Porque protege la información frente a ataques y garantiza confianza.

    b. Porque permite instalar más programas.

    c. Porque impide a los empleados acceder a redes sociales.

    d. Porque elimina la necesidad de formación digital.

9. ¿Cuál es una buena práctica básica en ciberseguridad?

    a. Usar siempre la misma contraseña para facilitar el acceso.

    b. Conectarse a redes Wi-Fi abiertas sin restricciones.

    c. Activar la verificación en dos pasos.

    d. Compartir contraseñas entre empleados.

10. ¿Qué beneficio aporta el análisis de datos en tiempo real a una cadena de tiendas?

    a. Permite automatizar el trabajo del personal de caja.

    b. Reemplaza la necesidad de campañas de marketing.

    c. Reduce el número de proveedores.

    d. Optimiza el inventario y mejora las decisiones de venta.

U. A. 4. Desarrollo y externalización de sistemas

Introducción

En un entorno empresarial cada vez más digitalizado y competitivo, la gestión eficiente de los sistemas informáticos se ha convertido en un aspecto estratégico para cualquier organización. Las empresas deben decidir si desarrollan internamente sus propios sistemas o si recurren a servicios externos especializados. Esta elección, conocida como tipificación del desarrollo, afecta directamente al control, los costes, la innovación y la seguridad tecnológica.

La externalización, o *outsourcing*, ha ganado protagonismo como una solución flexible, escalable y eficaz, pero también plantea desafíos que deben conocerse y gestionarse adecuadamente. En este tema se analizan los diferentes enfoques de desarrollo, los servicios que pueden externalizarse, las ventajas e inconvenientes de esta decisión, y las estrategias más habituales que siguen las empresas hoy en día, incluyendo el insourcing.

Objetivos

- Distinguir entre el desarrollo interno y externo de sistemas informáticos y comprender sus implicaciones organizativas.
- Identificar los principales servicios que se pueden externalizar y conocer sus beneficios.
- Analizar los factores clave que influyen en la decisión de externalizar o no los servicios tecnológicos.
- Reconocer los riesgos asociados a la externalización y cómo mitigarlos.
- Comprender las etapas necesarias para implementar con éxito una estrategia de outsourcing.

1. Tipificación

Las empresas pueden abordar el desarrollo y gestión de sus sistemas informáticos a través de dos enfoques principales: el desarrollo interno y la externalización. El desarrollo interno implica que la propia organización diseña, implementa y mantiene sus sistemas con recursos propios, lo que ofrece un control total y una personalización ajustada a sus necesidades. En cambio, la externalización consiste en delegar estas tareas en empresas o profesionales externos, total o parcialmente.

Existen diversas formas de externalización, como el outsourcing completo, donde todos los servicios son gestionados externamente; el co-sourcing, un modelo mixto en el que parte del trabajo se mantiene dentro de la empresa; y los servicios gestionados, que se contratan para funciones específicas como la monitorización o el soporte técnico.

2. Tipos de servicios que recoge

La externalización de sistemas informáticos puede cubrir una amplia variedad de servicios, entre los que se encuentran:

- **Desarrollo de software a medida**, adaptado a las necesidades particulares del negocio.
- **Mantenimiento técnico y soporte**, que incluye la resolución de fallos, actualizaciones y mejoras.
- **Gestión de infraestructuras TI**, como servidores, redes, seguridad y almacenamiento.
- **Migración a la nube** y administración de servicios cloud.
- **Consultoría tecnológica** para orientar la estrategia digital.
- **Soluciones de ciberseguridad** y protección de datos.
- **Soporte continuo (24/7)** y monitorización remota de sistemas.

Estos servicios permiten a las empresas acceder a tecnología avanzada y contar con expertos especializados, sin necesidad de ampliar sus equipos internos.

Para determinar si una empresa debería externalizar un servicio, lo más recomendable es realizar un análisis profundo tanto desde el punto de vista estratégico como operativo.

El primer aspecto por considerar es si la actividad en cuestión forma parte del núcleo del negocio. Cuando una función no está directamente relacionada con la propuesta de valor principal de la empresa, suele ser una buena candidata para la externalización.

Fig. 1. La externalización permite optimizar recursos, automatizar procesos y centrarse en lo que realmente aporta valor al negocio

Por ejemplo, una empresa industrial puede externalizar su servicio de mantenimiento informático sin comprometer su actividad principal.

Otro elemento para valorar es el coste que supone mantener esa función de manera interna. Si los recursos que se destinan a personal, infraestructura, formación o mantenimiento son demasiado elevados, puede ser más eficiente y rentable confiar en un proveedor externo que ya cuente con esos medios optimizados. Además, muchas pequeñas y medianas empresas carecen de personal especializado para ciertas tareas, lo que dificulta ofrecer un servicio de calidad sin recurrir al apoyo externo.

También es relevante tener en cuenta la velocidad con la que cambian ciertos sectores. En ámbitos como la tecnología, el marketing digital o la ciberseguridad, la actualización constante es imprescindible.

Si el ritmo de evolución supera la capacidad interna de adaptación, la externalización puede garantizar que los procesos y herramientas estén siempre al día. Además, permite a las empresas ser más ágiles, adaptarse a nuevos retos y escalar sus operaciones cuando sea necesario, sin asumir el riesgo de ampliar estructuras internas.

3. Factores principales de desarrollo

A la hora de decidir entre desarrollar internamente o externalizar, las organizaciones deben tener en cuenta varios factores determinantes:

- **Reducción de costes**: Externalizar puede suponer un ahorro significativo al evitar gastos en personal, infraestructura o formación, convirtiendo costes fijos en variables.
- **Acceso a profesionales especializados**: Los proveedores externos ofrecen perfiles expertos en distintas tecnologías, ideales para proyectos complejos o innovadores.
- **Escalabilidad y flexibilidad**: Permite ajustar los recursos tecnológicos de forma dinámica según las necesidades del negocio.
- **Concentración en el negocio principal**: Delegar estas funciones libera tiempo y recursos para centrarse en actividades estratégicas.
- **Actualización tecnológica constante**: Los proveedores suelen estar al día en nuevas herramientas y tendencias, favoreciendo la innovación.

4. Principales obstáculos

Aunque la externalización tiene numerosas ventajas, también presenta algunos desafíos que deben ser gestionados con cuidado:

- **Dificultades en la comunicación**: Las diferencias culturales, idiomáticas o de zona horaria pueden entorpecer la coordinación del proyecto.
- **Riesgos de seguridad y privacidad**: Al compartir información sensible con terceros, es vital garantizar el cumplimiento de normativas y medidas de protección de datos.
- **Dependencia excesiva del proveedor**: Una dependencia fuerte puede limitar el control sobre procesos y sistemas críticos.
- **Calidad y expectativas no cumplidas**: Si no se definen bien los acuerdos y los indicadores de calidad (KPIs), los resultados pueden no ajustarse a lo esperado.

- **Costes ocultos**: Pueden aparecer gastos adicionales por cambios de alcance, retrasos o una mala gestión de la relación contractual.

5. Empresas proveedoras de servicios de outsourcing

En el año 2025, las empresas especializadas en servicios de outsourcing en el ámbito tecnológico tienen un papel clave en el avance digital de otras organizaciones. Estas compañías ofrecen una amplia variedad de servicios, que incluyen desde el desarrollo de software hasta la administración de infraestructuras, soluciones de ciberseguridad y servicios basados en la nube.

En España, algunas de las empresas mejor valoradas por su calidad y capacidad de respuesta a las necesidades del cliente son DXC Technology, Ayesa, Fujitsu e Inetum. En cuanto a servicios en la nube, Amazon Web Services (AWS) y Microsoft Azure lideran el mercado, seguidos por Google Cloud Platform. En el ámbito del software empresarial, destacan plataformas como Salesforce, Microsoft Dynamics 365 y Oracle. Además, herramientas como Sortlist permiten a las empresas encontrar proveedores especializados de forma ágil y personalizada, ayudando a elegir el colaborador más adecuado para cada proyecto.

Fig. 2. Desde el panel de bienvenida de un proyecto activo en Google Cloud Platform puedes crear y gestionar servicios en la nube como servidores, almacenamiento, bases de datos o aplicaciones web

6. Pasos a realizar

Llevar a cabo una estrategia de externalización tecnológica de forma exitosa implica seguir un conjunto de pasos bien definidos:

1. **Diagnóstico inicial**: Determinar qué procesos o funciones pueden externalizarse, y cuáles son los objetivos específicos que se quieren alcanzar con esta decisión.

2. **Búsqueda y análisis de proveedores**: Explorar distintas alternativas del mercado, comparar propuestas y seleccionar aquellos proveedores con experiencia demostrada y buenas referencias.

3. **Formalización del acuerdo**: Redactar contratos precisos que incluyan niveles de servicio (SLAs), obligaciones de ambas partes, tiempos de ejecución y métodos de supervisión.

4. **Preparación de la transición**: Diseñar un plan de migración que reduzca los riesgos y asegure que las operaciones continúan sin interrupciones durante el cambio.

5. **Supervisión continua**: Realizar un seguimiento regular de los servicios prestados, fomentar la comunicación fluida y efectuar controles periódicos para asegurar el cumplimiento de los estándares pactados.

6. **Análisis y ajuste**: Evaluar los resultados obtenidos, identificar áreas de mejora y adaptar la relación con el proveedor a los cambios que surjan en la organización o en el entorno tecnológico.

Ejemplo

Bidelagun Logistika, una empresa de transporte de mercancías con sede en Gernika (Bizkaia), analiza su estructura informática tras varios fallos en su sistema interno de gestión de rutas. El equipo directivo, junto con el responsable de IT, determina que las tareas de mantenimiento de servidores físicos, actualizaciones de software y gestión de ciberseguridad están provocando retrasos y altos costes. Además, la empresa quiere implantar un sistema de trazabilidad de envíos en tiempo real, algo que su infraestructura actual no soporta. Por ello, se decide externalizar toda la gestión del sistema informático de soporte y seguridad, con el objetivo de mejorar el rendimiento, aumentar la disponibilidad del servicio y liberar recursos internos para tareas estratégicas.

Se abre un proceso de búsqueda a nivel autonómico y estatal. Bidelagun compara las propuestas de cuatro empresas especializadas en servicios gestionados cloud y ciberseguridad para pymes. La empresa seleccionada es Teknosare Solutions, ubicada en Donostia, que ofrece un servicio integral de externalización con atención en euskera, servidores en la UE, cumplimiento del ENS (Esquema Nacional de Seguridad), y experiencia trabajando con empresas del Corredor del Cantábrico. Se visitan sus oficinas y se solicitan referencias a dos antiguos clientes, que dan una valoración muy positiva.

Se redacta un contrato con una duración inicial de tres años. En él se incluyen cláusulas detalladas sobre niveles de servicio (SLAs): tiempo máximo de respuesta ante incidencias (2 horas), copias de seguridad automatizadas cada 24 horas, revisiones mensuales de ciberseguridad y disponibilidad del servicio del 99,5 %. Además, el contrato detalla los protocolos de comunicación, canales de soporte, acceso a documentación y la obligación de confidencialidad en el manejo de datos sensibles, especialmente relacionados con las rutas y clientes industriales de la empresa.
Teknosare diseña un plan de migración escalonado de dos semanas. Primero se realiza una auditoría completa de la infraestructura informática de Bidelagun. Luego, fuera del horario comercial (de 20:00 a 06:00), se migran los datos al nuevo entorno cloud, se instalan sistemas de monitorización y se prueban los accesos remotos. Paralelamente, se forma a los empleados de oficina en el uso de las nuevas herramientas: Microsoft 365, plataforma de ticketing y panel de seguimiento. Durante todo el proceso, Bidelagun mantiene una reunión diaria de seguimiento con el técnico asignado.

Bidelagun implementa una rutina mensual de evaluación del servicio. Cada mes, la empresa recibe un informe técnico con indicadores clave: tiempo medio de respuesta, número de incidencias resueltas, disponibilidad del sistema y uso del almacenamiento en la nube. Además, se realiza una reunión trimestral entre dirección y proveedor para ajustar procesos, proponer mejoras y prever posibles ampliaciones de servicios en función del crecimiento de la empresa.

Tras un año de servicio externalizado, Bidelagun Logistika ha logrado reducir un 28 % los costes asociados al área IT. No se han registrado caídas del sistema, y los empleados valoran positivamente la rapidez del soporte técnico. A raíz de los buenos resultados, se decide incluir también la gestión remota de dispositivos móviles para los conductores mediante MDM (Mobile Device Management), y se pacta un refuerzo en los sistemas de respaldo ante posibles ciberataques. La empresa renueva el contrato con Teknosare con mejoras en formación continua y mayor control del tráfico de datos.

7. El insourcing

El *insourcing* es una estrategia alternativa al outsourcing que consiste en que la empresa gestione internamente sus propios sistemas y servicios tecnológicos, utilizando su personal y recursos.

Se suele optar por esta vía cuando se desea mantener un control más directo sobre funciones críticas, proteger datos sensibles o conservar el conocimiento clave dentro de la compañía.

Fig. 3. Una estrategia inteligente combina insourcing para proteger lo esencial y outsourcing para ganar agilidad en lo complementario

Una ventaja menos comentada del *insourcing* es que facilita la integración transversal entre departamentos, al evitar la fragmentación que puede surgir con proveedores externos. Al contar con equipos propios, las áreas de tecnología, operaciones, marketing o atención al cliente pueden trabajar de forma más coordinada, compartiendo visión y objetivos, lo que mejora la agilidad y coherencia de los proyectos.

Además, fomenta una cultura de innovación interna, ya que el personal conoce mejor el negocio, se siente parte del proceso y puede proponer mejoras desde dentro con mayor autonomía y conocimiento contextual.

Anotación

Es especialmente recomendable en situaciones donde la personalización, la seguridad o la coherencia con la cultura empresarial son factores prioritarios. No obstante, esta estrategia exige una inversión considerable en formación, talento humano y tecnología, por lo que debe evaluarse cuidadosamente en función de las capacidades internas y de los objetivos estratégicos del negocio.

Resumen

Las empresas pueden gestionar sus sistemas informáticos de forma interna, utilizando sus propios recursos, o bien optar por externalizar total o parcialmente estas funciones a proveedores especializados. La externalización permite acceder a tecnología de vanguardia, ahorrar costes, escalar servicios según la demanda y centrarse en el núcleo del negocio. Sin embargo, también conlleva riesgos asociados a la seguridad, la comunicación y la dependencia del proveedor.

Existen distintos tipos de servicios que pueden externalizarse: desarrollo de software, soporte técnico, administración de infraestructuras, migración a la nube, consultoría, ciberseguridad y monitorización remota. Para gestionar correctamente esta estrategia, las organizaciones deben seguir una serie de pasos que incluyen análisis de necesidades, selección de proveedores, definición de acuerdos, planificación de la transición y seguimiento de la relación.

Como alternativa, el insourcing mantiene todas las funciones TI dentro de la empresa, lo que proporciona mayor control y confidencialidad, aunque requiere más inversión. La elección entre outsourcing e insourcing dependerá del contexto, los objetivos y las capacidades internas de cada organización.

Glosario

Ciberseguridad

Conjunto de prácticas y tecnologías destinadas a proteger los sistemas informáticos frente a accesos no autorizados y amenazas digitales.

Cloud computing

Modelo que permite acceder a servicios informáticos a través de Internet, como almacenamiento, servidores o software.

Consultoría tecnológica

Servicio profesional que asesora a las empresas sobre cómo usar la tecnología para alcanzar sus objetivos.

Co-sourcing

Modelo mixto de externalización donde el trabajo se reparte entre la empresa contratante y el proveedor.

Escalabilidad

Capacidad de un sistema o servicio para adaptarse al crecimiento o reducción de la demanda de forma flexible.

Insourcing

Estrategia que consiste en desarrollar y gestionar los sistemas tecnológicos utilizando recursos internos de la empresa.

KPI (Key Performance Indicator)

Indicador clave que permite medir el rendimiento y la calidad de un servicio o proceso.

Outsourcing

Proceso por el cual una empresa delega ciertas funciones o servicios en proveedores externos.

Servicios gestionados

Funciones específicas subcontratadas a un proveedor externo, como el soporte técnico o la monitorización 24/7.

SLAs (Service Level Agreements)

Acuerdos de nivel de servicio que establecen las condiciones, tiempos y estándares del servicio contratado.

Ejercicios de autoevaluación

1. ¿Qué ventaja principal tiene la externalización de servicios informáticos?

a. Permite prescindir totalmente del departamento de TI.

b. Facilita el acceso a especialistas y tecnologías avanzadas.

c. Elimina todos los riesgos operativos de la empresa.

d. Aumenta la dependencia de proveedores.

2. ¿Qué modelo combina tareas internas y externas en la gestión de sistemas TI?

a. Insourcing.

b. Co-sourcing.

c. Multicloud.

d. Offshoring.

3. ¿Qué servicio suele incluirse en la externalización tecnológica?

a. Contratación de personal directivo.

b. Formación interna de empleados.

c. Planificación financiera empresarial.

d. Mantenimiento y soporte técnico.

4. ¿Cuál es un obstáculo frecuente al externalizar servicios TI?

a. Exceso de personal interno.

b. Problemas de comunicación con el proveedor.

c. Mejora de la innovación.

d. Reducción de costes fijos.

5. **¿Qué estrategia se basa en mantener el control total de los servicios informáticos dentro de la empresa?**

    a. Insourcing.

    b. Outsourcing.

    c. Co-sourcing.

    d. Nearshoring.

6. **¿Qué empresa es líder en servicios cloud en España según el texto?**

    a. IBM.

    b. Fujitsu.

    c. Salesforce.

    d. Amazon Web Services (AWS).

7. **¿Qué documento establece niveles de servicio y compromisos en outsourcing?**

    a. Contrato marco.

    b. SLA (Service Level Agreement).

    c. KPI financiero.

    d. NDA (Non Disclosure Agreement).

8. **¿Qué tipo de externalización implica delegar completamente todas las funciones TI?**

    a. Co-sourcing.

    b. Outsourcing completo.

    c. Servicios parciales.

    d. Nearshoring.

9. ¿Cuál es un beneficio de externalizar para empresas con alta variabilidad en la demanda?

    a. Escalabilidad.

    b. Alta inversión inicial.

    c. Mayor carga operativa.

    d. Mayor dependencia jerárquica.

10. ¿Qué herramienta ayuda a encontrar proveedores de servicios tecnológicos especializados?

    a. Trello.

    b. GitHub.

    c. Zoom.

    d. Sortlist.

U. A. 4. Desarrollo y externalización de sistemas

U. A. 5. Planes de negocio en TIC: la planificación de los sistemas de información

Introducción

Vivimos en una era de profunda transformación digital, donde la rapidez del cambio tecnológico, la automatización, la inteligencia artificial, el big data y la conectividad global están redefiniendo cómo trabajan las organizaciones y cómo se relacionan con su entorno. En este contexto, los sistemas de información (SI) y las tecnologías de la información y la comunicación (TIC) han pasado de ser herramientas de apoyo a convertirse en elementos estratégicos esenciales para la competitividad, la eficiencia y la innovación.

Esta nueva realidad obliga tanto a empresas como a administraciones públicas a planificar cuidadosamente sus inversiones y decisiones tecnológicas, evitando la improvisación y asegurando que cada paso contribuya de forma coherente a sus objetivos estratégicos. Ya no se trata de incorporar tecnología por moda o presión, sino de hacerlo con un sentido claro y sostenible. Para ello, se necesita una visión estructurada, colaborativa y a medio-largo plazo, plasmada en un Plan de Sistemas de Información (PSI).

Objetivos

- Comprender la importancia de la transformación digital como motor de cambio organizativo y su impacto en la estrategia empresarial.
- Conocer el papel clave de los sistemas de información y las TIC en la mejora de la gestión, la toma de decisiones y la eficiencia.
- Identificar la necesidad de una planificación estructurada, participativa y alineada con los objetivos globales de la organización.

1. Introducción

La transformación digital ya no es una opción, sino una necesidad urgente para cualquier organización que aspire a mantenerse competitiva y relevante. Nos encontramos en una etapa caracterizada por la velocidad del cambio tecnológico, la automatización de procesos, el uso intensivo del dato y la conectividad global. Esto ha obligado tanto a empresas privadas como a las administraciones públicas a replantearse la forma en la que planifican y utilizan sus sistemas tecnológicos.

Frente a esta realidad, los sistemas de información (SI) y las tecnologías de la información y la comunicación (TIC) juegan un papel clave como herramientas para optimizar procesos, mejorar la toma de decisiones, ofrecer servicios más ágiles y personalizados, y lograr un uso más eficiente de los recursos. Pero para que realmente cumplan su función, no basta con implementar soluciones tecnológicas sin rumbo. Es imprescindible que las TIC estén alineadas con los objetivos estratégicos de la organización, y para ello se requiere una planificación estructurada y con visión a medio y largo plazo.

Fig. 1. La planificación digital requiere entornos de trabajo conectados, ágiles y orientados a la innovación constante

Este enfoque estratégico se ha consolidado como una prioridad para muchas instituciones, como demuestra la iniciativa España Digital 2025, un plan nacional que busca impulsar la digitalización en todos los sectores —desde la educación hasta la industria— y modernizar las estructuras del país para lograr una sociedad más innovadora, inclusiva y resiliente.

2. El plan de Sistemas de Información (PSI)

El **PSI (Plan de Sistemas de Información)** es el documento estratégico que define de forma estructurada cómo se gestionarán, desarrollarán y utilizarán los sistemas de información dentro de una organización durante un periodo de tiempo determinado. No se trata de un simple inventario de tecnologías, sino de una hoja de ruta que orienta todas las decisiones tecnológicas con el fin de que estén plenamente integradas en la estrategia de negocio o de servicio público.

Un PSI bien diseñado cumple varios propósitos esenciales:

- Asegurar que los sistemas de información apoyen los objetivos generales de la organización.
- Anticiparse a las necesidades futuras, tanto del entorno como del propio funcionamiento interno.
- Evitar inversiones improvisadas o descoordinadas en tecnología.
- Dotar de coherencia y continuidad a las actuaciones en materia de digitalización.

Para ello, el PSI debe incluir:

- Objetivos concretos y medibles.
- Un análisis detallado de necesidades y prioridades.
- Una asignación clara de recursos (económicos, humanos y tecnológicos).
- Un calendario con hitos y fases de implantación.
- Mecanismos de evaluación y control para verificar el avance.

Además, es frecuente que los PSI se estructuren en torno a principios generales (como eficiencia, seguridad, accesibilidad o sostenibilidad), que actúan como guías de actuación a lo largo del ciclo de vida del plan.

3. Inicio del PSI

La fase inicial del PSI es una de las más determinantes para su éxito. En este momento se realiza un diagnóstico completo del entorno interno y externo de la organización. Es decir, se identifican:

- Fortalezas y debilidades de la infraestructura tecnológica existente.
- Capacidades del equipo humano en materia TIC.
- Procesos de negocio que podrían beneficiarse de una transformación digital.
- Riesgos, barreras y oportunidades en el entorno.

Este análisis no debe realizarse de forma aislada desde el área técnica, sino con la implicación de todas las áreas clave de la organización. Solo así se garantiza que el plan refleje realmente las necesidades operativas y estratégicas. También se deben tener en cuenta tendencias sectoriales y normativas vigentes, lo cual permitirá diseñar un plan que no solo sea útil hoy, sino que tenga capacidad de adaptarse al futuro.

Un buen ejemplo de inicio del PSI podría ser el caso de una cooperativa agroalimentaria que decide modernizar su gestión incorporando tecnologías de información. En esta fase inicial, la cooperativa realiza un análisis profundo de su situación: descubre que su sistema de inventario está obsoleto, que sus empleados no tienen formación en herramientas digitales y que muchos procesos, como los pedidos o la facturación, aún se hacen manualmente. Al mismo tiempo, detectan que hay una oportunidad clara en la digitalización del canal de venta online, especialmente tras el aumento de la demanda de productos locales. Con la participación de responsables de producción, ventas y administración, y teniendo en cuenta las ayudas del programa España Digital 2025, la cooperativa traza un diagnóstico realista que servirá de base para definir un plan de transformación digital sostenible y alineado con sus valores.

4. Definición y organización del PSI

En esta fase se organiza todo lo aprendido en el diagnóstico previo y se define formalmente el contenido del plan.

Esto implica:

- **Establecer los principios rectores**, que definen los valores y prioridades del plan (por ejemplo: enfoque al usuario, eficiencia energética, ciberseguridad, interoperabilidad...).

- **Trazar las líneas estratégicas de actuación**, que son grandes ejes como:
  o Renovación de infraestructuras tecnológicas.
  o Digitalización de procesos administrativos.
  o Implantación de inteligencia artificial.
  o Mejora de la atención al ciudadano o cliente.
  o Formación digital del personal.

Cada línea se divide en proyectos específicos, con su correspondiente justificación, responsables asignados, objetivos esperados e indicadores de éxito. Además, es fundamental definir el presupuesto asignado y prever recursos humanos y técnicos suficientes para cada actuación.

Para asegurar que todo funciona correctamente, el PSI debe contemplar:

- La creación de equipos de trabajo interdepartamentales.
- Canales de comunicación internos eficaces.
- Un sistema de seguimiento y evaluación con métricas claras.

Esto último es fundamental: evaluar constantemente el grado de ejecución del plan, detectar desviaciones, introducir mejoras y asegurar que se están logrando los resultados esperados.

Un ejemplo práctico de esta fase podría darse en el Ayuntamiento de Gasteiz, que ha iniciado la elaboración de su Plan de Sistemas de Información (PSI) para modernizar su gestión interna y mejorar la atención ciudadana. Tras completar el diagnóstico inicial, el consistorio decide definir y organizar el plan en base a unos principios rectores: orientación al usuario, eficiencia energética, transparencia, interoperabilidad con otras administraciones públicas y ciberseguridad como eje transversal.

A partir de estos valores, se establecen cinco líneas estratégicas:

- Renovación de infraestructuras tecnológicas en los edificios municipales.
- Digitalización completa de trámites y expedientes.
- Desarrollo de soluciones de inteligencia artificial para la gestión del tráfico y servicios urbanos.
- Implantación de una app municipal única para comunicación ciudadana.
- Plan de formación digital para todo el personal con distintos niveles de itinerario.

Cada línea se despliega en proyectos concretos, como "Sustitución del hardware obsoleto en 27 sedes", "Tramitación 100% electrónica del padrón municipal" o "Sistema predictivo de demanda de autobuses". Estos proyectos tienen un responsable asignado, una justificación técnica y social, un presupuesto definido y objetivos medibles, como "reducir los tiempos medios de atención un 40% en dos años".

Para garantizar la ejecución efectiva, se crean equipos interdepartamentales, liderados por la Oficina Técnica de Digitalización, y se establecen reuniones mensuales de seguimiento, donde se revisan indicadores clave (número de trámites digitalizados, ahorro energético, satisfacción ciudadana...). El sistema también prevé ajustes dinámicos del plan, de forma que se puedan redirigir recursos o replantear acciones si los resultados no son los esperados.

5. Estudio de la información relevante

Uno de los pasos más fundamentales en la planificación de los sistemas de información es el análisis de la información clave que sustenta la actividad de la organización. Este estudio consiste en identificar qué datos son realmente necesarios para llevar a cabo los procesos más importantes del negocio, tomar decisiones eficaces y garantizar un control adecuado de la gestión.

Este análisis debe tener en cuenta tanto la información interna (como cifras de ventas, niveles de inventario, datos de recursos humanos o flujos financieros), como la información externa, que incluye aspectos como el comportamiento de los clientes, relaciones con proveedores o tendencias del mercado. Además, es imprescindible que toda esta información esté alineada con los objetivos estratégicos de la empresa, ya que no se trata de acumular datos, sino de seleccionar aquellos que realmente ayudan a avanzar.

Fig. 2. Un panel de control digital transforma grandes volúmenes de datos en decisiones inteligentes al mostrar de forma visual y en tiempo real los indicadores clave que guían la estrategia de la organización

También es importante detectar debilidades y riesgos en el manejo actual de la información: duplicidades, datos desactualizados, silos informativos, problemas de seguridad o ausencia de trazabilidad. A partir de este estudio, se define qué tipo de sistema se necesita y qué funcionalidades deben garantizarse, evitando implantar soluciones tecnológicas por moda o presión del mercado. Un buen sistema de información no solo acumula datos: transforma información en valor para la organización.

6. Identificación de requisitos

La correcta identificación de requisitos es la base sobre la que se construye cualquier sistema de información eficaz. Este proceso consiste en definir con claridad qué se espera del sistema, es decir, qué debe hacer y cómo debe hacerlo. Se distinguen dos tipos de requisitos:

- **Requisitos funcionales**: detallan lo que el sistema debe hacer (por ejemplo, registrar ventas, controlar accesos, emitir alertas o generar informes).

- **Requisitos no funcionales**: hacen referencia a cómo debe comportarse el sistema (como los tiempos de respuesta, la seguridad, la disponibilidad, la facilidad de uso o la accesibilidad).

Para que este proceso sea útil, es necesario implicar a los usuarios finales y a los responsables de cada área desde el principio. Se pueden usar entrevistas, talleres de trabajo, observación directa o encuestas, siempre con el objetivo de que los requisitos reflejen la realidad del negocio y no una visión exclusivamente técnica.

Además, se deben tener en cuenta las limitaciones legales, tecnológicas y organizativas, como la normativa de protección de datos o las infraestructuras disponibles. Una vez definidos, los requisitos se priorizan en función de su importancia estratégica y se validan con todos los implicados. Esto permite evitar malentendidos, ahorrar tiempo y asegurar que el sistema resuelve problemas reales y concretos de la organización.

7. Estudio de los sistemas de información actuales

Antes de diseñar nuevos sistemas, es esencial conocer en profundidad los sistemas de información que ya están en uso. Este estudio permite aprovechar lo que funciona, detectar errores que se repiten y planificar una evolución realista. El objetivo no es desechar todo lo existente, sino aprovechar, integrar o mejorar lo que ya se tiene.

Para ello, se realiza un análisis técnico y funcional: se revisan bases de datos, aplicaciones y redes; se entrevista a los usuarios para conocer sus experiencias; y se analizan aspectos como la compatibilidad, la facilidad de mantenimiento o los niveles de seguridad. También se identifican carencias en la cobertura de procesos, duplicidades de datos, sistemas obsoletos o falta de integración entre herramientas.

Fig. 3. Visualizar la interconexión de sistemas actuales permite detectar oportunidades de mejora y construir soluciones digitales más eficientes y coherentes

Además, se evalúa si los sistemas existentes pueden **adaptarse a nuevas necesidades** o si sería mejor sustituirlos por completo. Esta información sirve para tomar decisiones bien informadas y **evitar inversiones innecesarias o fallidas**. Conocer el punto de partida es fundamental para planificar el futuro de forma coherente y sostenible.

8. Diseño del modelo de Sistemas de Información

El diseño del modelo de sistemas de información es el paso en el que se traduce todo lo anterior en una propuesta técnica concreta y alineada con la estrategia organizativa.

Este diseño incluye:

- **La arquitectura de la información**: cómo se estructuran, relacionan y gestionan los datos.
- **La arquitectura tecnológica**: qué plataformas, redes, dispositivos, aplicaciones y sistemas se van a utilizar.

El diseño empieza con modelos conceptuales (ideas generales) y lógicos (esquemas de funcionamiento), para luego desarrollar modelos físicos concretos que definen cómo se implementará el sistema en hardware y software.

Durante esta fase se deben tener en cuenta aspectos como:

- **Escalabilidad** del sistema, para permitir su crecimiento.
- **Seguridad**, tanto en el acceso como en el almacenamiento y transmisión de los datos.
- **Interoperabilidad**, es decir, la capacidad de comunicarse con otros sistemas.
- **Tecnologías emergentes**, como la inteligencia artificial, el cloud computing o la automatización robótica de procesos.

El modelo también debe prever la carga de datos, la migración desde sistemas antiguos, los planes de formación a usuarios, y la documentación técnica y de usuario. El diseño del sistema debe ser, en definitiva, una guía clara, detallada y realista que garantice que el proyecto aporte valor desde el primer día y pueda evolucionar con el negocio.

9. Definición de la arquitectura tecnológica

La arquitectura tecnológica es el entramado estructural que sostiene todos los sistemas y soluciones tecnológicas de una organización. Su definición dentro del Plan de Sistemas de Información es un paso esencial, ya que condiciona directamente la capacidad de la entidad para adaptarse, innovar y competir en entornos digitales cambiantes.

En la actualidad, esta arquitectura debe ser ágil, escalable y segura, preparada para incorporar tecnologías emergentes como la inteligencia artificial, la automatización inteligente de procesos (RPA) y la computación en la nube. También debe facilitar la integración con plataformas externas y soportar entornos multicloud e híbridos, que permitan trabajar con distintos proveedores de servicios en la nube de forma simultánea.

Una tendencia clave es el *edge computing*, que consiste en procesar los datos cerca del lugar donde se generan (por ejemplo, en sensores industriales), lo que mejora la eficiencia y reduce la latencia. Junto a ello, la arquitectura tecnológica debe contemplar mecanismos robustos de ciberseguridad, asegurando la confidencialidad, integridad y disponibilidad de la información.

Es fundamental que esta arquitectura permita la interoperabilidad entre sistemas, garantice el acceso remoto seguro, y que se alinee con estándares abiertos y normativas legales (como el RGPD en Europa).

10. Definición del plan de acción

Una vez que la organización ha definido qué quiere hacer y con qué tecnologías lo hará, es necesario traducir esa visión en un plan de acción detallado. Este documento convierte las estrategias en proyectos concretos, con plazos definidos, responsables asignados, recursos necesarios y métricas claras de seguimiento.

El plan debe estructurarse en fases, comenzando con proyectos piloto o de impacto rápido ("quick wins"), que permitan validar enfoques y ganar confianza. Posteriormente, se puede avanzar hacia proyectos más complejos y estructurales. Es recomendable incluir también acciones de formación, gestión del cambio y comunicación interna, ya que la implantación de nuevos sistemas no es solo un proceso técnico, sino también organizativo y cultural.

Fig. 4. Los "quick wins" son pequeños proyectos iniciales de rápida implementación e impacto visible que ayudan a validar decisiones y generar confianza en el equipo

Las prioridades deben basarse en criterios de valor, como el impacto en los objetivos estratégicos, el retorno de inversión, el nivel de urgencia y la viabilidad. Asimismo, el plan debe ser flexible y revisable, permitiendo adaptarse a cambios en el entorno o en las necesidades del negocio.

Un buen plan de acción no se limita a "hacer cosas", sino que garantiza que cada acción esté alineada con el propósito global del PSI y genere resultados tangibles, sostenibles y medibles.

11. Revisión y aprobación del PSI

Antes de su implementación, el Plan de Sistemas de Información debe someterse a una revisión crítica y participativa. Esta etapa tiene como fin asegurar que el plan es coherente, viable y alineado con la estrategia organizativa.

Durante esta revisión, se analizan aspectos como la consistencia entre objetivos y medios, la adecuación presupuestaria, la planificación temporal, la cobertura funcional de las necesidades detectadas, y los posibles riesgos asociados. Es recomendable contar con la participación de responsables de todas las áreas implicadas, usuarios clave, personal técnico y, si es necesario, consultores externos que aporten una visión objetiva.

Una vez validado, el plan debe ser formalmente aprobado por la alta dirección, lo que garantiza su legitimidad, facilita la asignación de recursos y compromete a todos los niveles de la organización con su ejecución. Sin esta aprobación, el PSI carecería de fuerza institucional, lo que dificultaría su desarrollo real.

12. Participación en las actividades del proceso PSI

El éxito de un Plan de Sistemas de Información depende también del grado de implicación de las personas que lo llevan a cabo. Por eso, es esencial fomentar una participación activa y transversal durante todas las etapas del proceso, desde el diagnóstico hasta la implantación y evaluación.

Fig. 5. El PSI se debe percibir como una herramienta compartida para mejorar el funcionamiento y el futuro de la organización

Esto implica involucrar a todos los perfiles clave: dirección, responsables funcionales, personal técnico, usuarios finales y proveedores tecnológicos. La participación permite detectar necesidades reales, anticipar problemas y adaptar mejor las soluciones al contexto de la organización.

Además, fomenta una cultura de colaboración, confianza y mejora continua, en la que cada persona aporta desde su experiencia. Este enfoque facilita la aceptación de los cambios, reduce resistencias y aumenta la eficacia del despliegue tecnológico.

Resumen

La transformación digital ha pasado de ser una opción a convertirse en una necesidad urgente. En un entorno marcado por la automatización, el uso masivo de datos y la conectividad global, las organizaciones deben integrar las TIC como parte esencial de su estrategia. Para hacerlo de forma eficaz, es imprescindible contar con una planificación rigurosa que asegure que las inversiones tecnológicas se alinean con los objetivos generales, optimicen recursos y generen verdadero valor.

Esta planificación se materializa en el Plan de Sistemas de Información (PSI), una herramienta que no solo ordena las acciones, sino que guía toda la evolución tecnológica de la organización. A nivel nacional, el plan España Digital 2025 representa este mismo espíritu de transformación planificada, orientado a modernizar el país desde la equidad, la sostenibilidad y la innovación.

Glosario

Automatización

Sustitución de tareas humanas por sistemas tecnológicos que permiten ejecutar procesos con menos intervención manual.

Competencias digitales

Conjunto de habilidades necesarias para utilizar herramientas tecnológicas de forma segura, crítica y productiva.

Conectividad

Capacidad de los sistemas y dispositivos digitales para estar interconectados y compartir datos de forma rápida y eficaz.

España Digital 2025

Estrategia estatal que promueve la transformación digital del país con un enfoque inclusivo, sostenible y alineado con las políticas de la Unión Europea.

Planificación estratégica

Proceso que define los objetivos generales de una organización y las acciones necesarias para alcanzarlos en un horizonte de medio o largo plazo.

PSI (Plan de Sistemas de Información)

Documento estructurado que marca las directrices, proyectos, recursos y metas para el desarrollo y uso de tecnologías en una organización.

Quick wins

Proyectos o acciones de implantación rápida y con beneficios visibles a corto plazo, que generan confianza en las etapas iniciales de un plan.

Sistema de información (SI)

Conjunto de recursos tecnológicos y humanos que permiten recopilar, almacenar, procesar y transmitir información útil para la toma de decisiones.

TIC (Tecnologías de la Información y la Comunicación)

Infraestructura tecnológica que permite gestionar y comunicar información digital, como redes, software y dispositivos.

Transformación digital

Proceso de cambio organizativo que implica la adopción de tecnologías para mejorar procesos, productos y servicios.

Ejercicios de autoevaluación

1. **¿Cuál de las siguientes afirmaciones describe mejor el papel actual de la transformación digital en las organizaciones?**

   a. Es una necesidad urgente para ser competitivos y adaptarse.

   b. Es un proceso técnico sin implicaciones estratégicas.

   c. Es opcional y se aplica solo en grandes empresas.

   d. Es una moda pasajera impulsada por las redes sociales.

2. **¿Qué función cumplen los Sistemas de Información (SI) en las organizaciones actuales?**

   a. Ayudan a desconectar los sistemas manuales.

   b. Actúan solo como base de datos para recursos humanos.

   c. Son herramientas clave para mejorar decisiones y procesos.

   d. Sustituyen por completo al trabajo humano.

3. **¿Qué característica es esencial para una buena planificación de las TIC?**

   a. Requiere alta inversión inicial sin planificación.

   b. Debe alinearse con la estrategia organizativa.

   c. Depende exclusivamente del área de informática.

   d. Solo considera tecnologías emergentes.

4. **¿Qué iniciativa nacional busca impulsar la digitalización en España hasta 2025?**

   a. Conecta España.

   b. Plan Avanza 2000.

   c. España Digital 2025

   d. Plan TIC XXI.

5. ¿Cuál de los siguientes objetivos NO pertenece al plan España Digital 2025?

    a. Garantizar conectividad de 100 Mbps para toda la población.

    b. Eliminar el uso de redes sociales.

    c. Incrementar el número de especialistas en ciberseguridad.

    d. Aumentar el uso de inteligencia artificial en las empresas.

6. ¿Qué se pretende evitar mediante una planificación estructurada de las TIC?

    a. El uso compartido de datos entre departamentos.

    b. La actualización de software obsoleto.

    c. Las inversiones improvisadas y descoordinadas.

    d. La supervisión del personal técnico.

7. ¿Qué nombre recibe el documento que orienta el uso de sistemas tecnológicos dentro de una organización?

    a. Plan de Sistemas de Información (PSI).

    b. Reglamento Interno de Tecnología.

    c. Guía Digital Operativa

    d. Estrategia de Marketing Digital.

8. ¿Qué porcentaje de la población pretende alcanzar el plan España Digital 2025 con competencias digitales básicas?

    a. 40 %.

    b. 60 %.

    c. 80 %.

    d. 100 %.

9. ¿Qué principio debe guiar el uso de los datos en la transformación digital?

    a. Acumulación de grandes volúmenes sin filtrar.

    b. Recolección sin considerar su utilidad.

    c. Alineación con los objetivos estratégicos.

    d. Limitación a información financiera.

10. ¿Qué caracteriza a los entornos de trabajo en una planificación digital adecuada?

    a. Aislamiento tecnológico y centralización total.

    b. Rigidez organizativa y baja conectividad.

    c. Conectividad, agilidad e innovación continua.

    d. Dependencia de sistemas obsoletos.

U. A. 6. La seguridad en las transacciones comerciales en internet

Introducción

En un entorno cada vez más digitalizado, las transacciones comerciales por internet se han convertido en una práctica habitual tanto para empresas como para particulares. Sin embargo, esta comodidad conlleva riesgos relacionados con el fraude, la suplantación de identidad y la pérdida de datos. Por ello, garantizar la seguridad, autenticidad y legalidad de estas operaciones es fundamental para generar confianza en el comercio electrónico.

En España y en la Unión Europea existen marcos normativos actualizados que regulan estas prácticas, con herramientas como la firma electrónica, los certificados digitales y la facturación electrónica como elementos clave para proteger los datos, validar identidades y garantizar la integridad de las transacciones.

Objetivos

- Comprender los elementos técnicos y legales que garantizan la seguridad en las transacciones comerciales online, como la firma electrónica, el cifrado de datos y los certificados digitales.
- Identificar la normativa vigente en España y la UE que regula la firma electrónica y la facturación digital, y analizar cómo estas herramientas contribuyen a minimizar los riesgos en las operaciones electrónicas.

1. Presentación

Garantizar la seguridad en las transacciones realizadas a través de Internet se ha convertido en un factor decisivo para impulsar y consolidar la confianza en el comercio electrónico. A medida que aumenta el número de operaciones comerciales online entre particulares y empresas, se vuelve indispensable proteger los datos personales, asegurar la integridad de las operaciones y minimizar el riesgo de fraudes.

Fig. 1. La seguridad en las transacciones comerciales online evita fraudes y protege datos mediante cifrado, firmas digitales y certificados electrónicos

En España, las leyes y normativas digitales han evolucionado para crear un entorno seguro y confiable, donde el usuario ocupa una posición central. La creciente amenaza de los ciberataques durante 2025 ha evidenciado la importancia de disponer de sistemas de protección eficaces, constantemente actualizados y adaptados a las nuevas amenazas:

A. Ley 6/2020, de 11 de noviembre, reguladora de determinados aspectos de los servicios electrónicos de confianza

Sustituye a la anterior Ley 59/2003 de firma electrónica y adapta el marco legal español al Reglamento europeo eIDAS:

- Reconoce tres tipos de firma electrónica: simple, avanzada y cualificada.

- La firma electrónica cualificada tiene el mismo valor legal que una firma manuscrita.
- Solo tienen plena validez jurídica los certificados emitidos por prestadores cualificados de servicios electrónicos de confianza inscritos en el listado oficial del Ministerio de Asuntos Económicos.
- Introduce mecanismos de identificación y autenticación digital segura para proteger las transacciones electrónicas.

B. Reglamento (UE) Nº 910/2014 (eIDAS)

Es la norma europea que proporciona un marco común para identidades digitales, firmas electrónicas y servicios de confianza:

- Garantiza que una firma electrónica cualificada sea reconocida en todos los países de la UE.
- Establece los requisitos para los prestadores de servicios de confianza, como los emisores de certificados digitales.
- Define los estándares para la validez jurídica de firmas, sellos, marcas de tiempo y autenticación web.

C. Ley 25/2013, de 27 de diciembre, de impulso de la factura electrónica y creación del registro contable de facturas en el sector público

Obliga a las empresas a emitir factura electrónica al relacionarse con las Administraciones Públicas:

- Desde 2015 es obligatorio emitir facturas electrónicas para proveedores del sector público.
- Las facturas deben estar firmadas electrónicamente con un certificado digital válido.
- Establece el formato Facturae como estándar.
- Mejora el control, reduce el fraude y acelera los pagos en la Administración.

C. Ley Orgánica 3/2018, de Protección de Datos Personales y garantía de los derechos digitales (LOPDGDD)

Adapta el RGPD europeo al sistema español y protege los datos personales, también en contextos de transacciones digitales:

- Toda transacción digital debe garantizar la confidencialidad, integridad y trazabilidad de los datos personales.
- Se exige consentimiento explícito del usuario en la mayoría de los tratamientos.
- Obliga a aplicar medidas de seguridad técnicas y organizativas, incluyendo cifrado, autenticación y control de accesos.

2. Firma electrónica y certificación digital

La firma electrónica, junto con la certificación digital, son herramientas para dotar de garantías legales y técnicas a las transacciones digitales. Gracias a la firma electrónica, es posible identificar de forma segura al autor de un documento, garantizando que su contenido no ha sido modificado desde su firma y que el firmante no puede rechazar su autoría. Existen distintos niveles de firma, desde la simple hasta la cualificada, siendo esta última la que ofrece mayor seguridad jurídica y técnica.

Fig. 2. La firma electrónica cualificada, utilizada con un certificado digital y un dispositivo seguro, tiene la misma validez legal que una firma manuscrita en toda la Unión Europea

En España, la utilización de la firma electrónica está respaldada por un marco legal moderno y robusto, compuesto por la Ley 6/2020 sobre servicios electrónicos de confianza, la antigua Ley 59/2003 y el Reglamento europeo eIDAS (Reglamento UE nº 910/2014), que establece criterios comunes para todos los Estados miembros de la Unión Europea.

El ordenamiento jurídico español reconoce varios tipos de firma electrónica, clasificados en función de su nivel de seguridad y los requisitos tecnológicos que implican:

- **Firma electrónica simple**: es la más básica y se utiliza en situaciones de bajo riesgo. Puede consistir en acciones como marcar una casilla o añadir una firma escaneada, pero no ofrece garantías sólidas de autenticidad.

- **Firma electrónica avanzada (FEA)**: permite identificar al firmante y detectar cualquier modificación posterior en el documento. Está **vinculada de forma única al firmante** y requiere que éste pueda ser identificado de forma inequívoca mediante tecnologías criptográficas.

- **Firma electrónica cualificada (FEQ)**: se considera la más segura y equivale legalmente a una firma manuscrita. Para que tenga validez, debe generarse mediante un dispositivo seguro de firma y estar respaldada por un certificado cualificado emitido por un prestador de servicios de confianza reconocido. Su uso es obligatorio en muchos procesos formales, como trámites con la administración pública o la facturación electrónica.

A continuación, se expone el proceso para firmar electrónicamente un documento usando AutoFirma.

1. Descargar AutoFirma.

Accede a la zona de descargas para ciudadanos a través de https://firmaelectronica.gob.es/ y selecciona la versión de AutoFirma adecuada para tu sistema operativo:

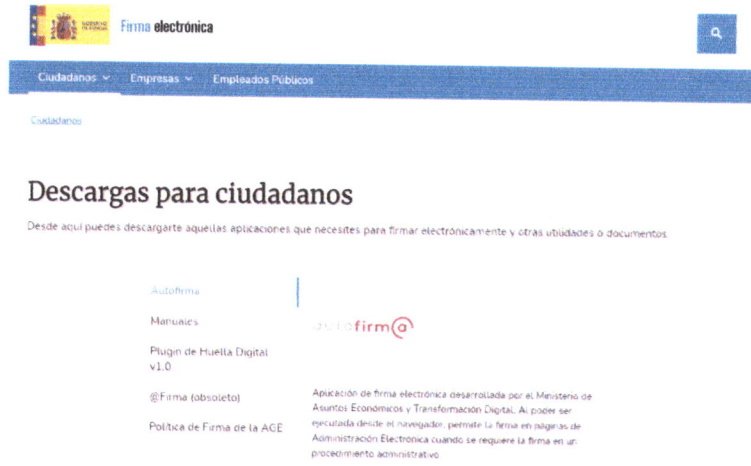

- Windows: 64 o 32 bits.
- Linux: Debian, Fedora, OpenSUSE.
- macOS: Para procesadores Intel (x64) o Apple M1.

Para Windows

Versión 1.8.3 para Windows 64 bits   ⬇

Versión 1.8.3 para Windows 32 bits   ⬇

Para Linux

Versión 1.8.3 para Debian Linux   ⬇

Versión 1.8.3 para Fedora Linux   ⬇

Versión 1.8.3 para OpenSUSE Linux   ⬇

Para MacOS

Versión 1.8.4 para MacOS procesadores x64   ⬇

Versión 1.8.4 para MacOS procesadores M1   ⬇

2. Instalar AutoFirma.

Una vez descargado el instalador:

- Ábrelo y pulsa en "Siguiente".
- Cierra otras aplicaciones si lo recomienda.
- Acepta las condiciones y permisos.
- Continúa haciendo clic en "Siguiente" hasta llegar a "Terminar", que confirmará que AutoFirma ha quedado correctamente instalado.

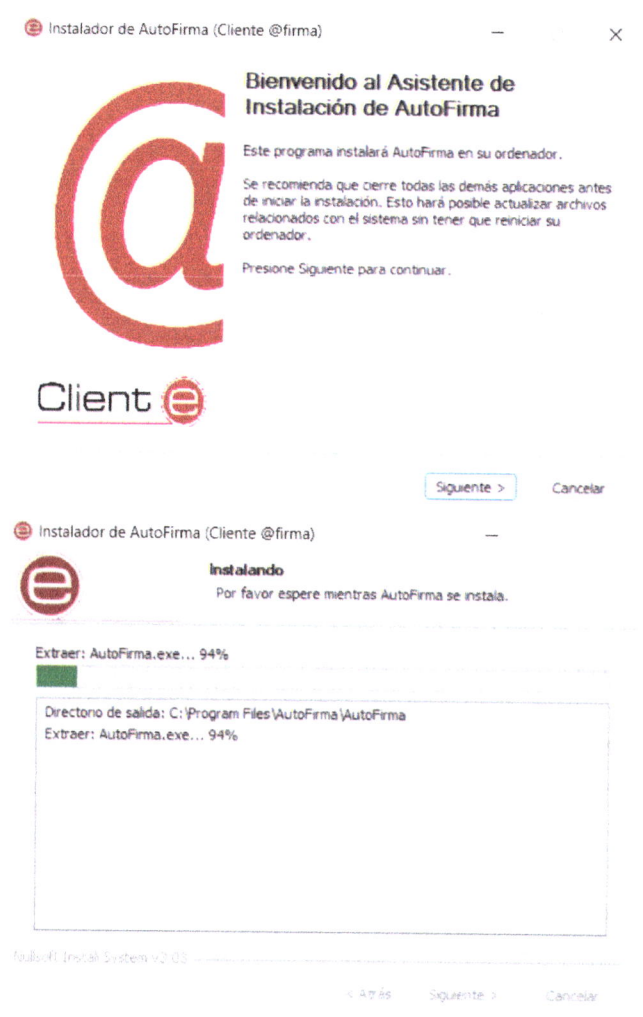

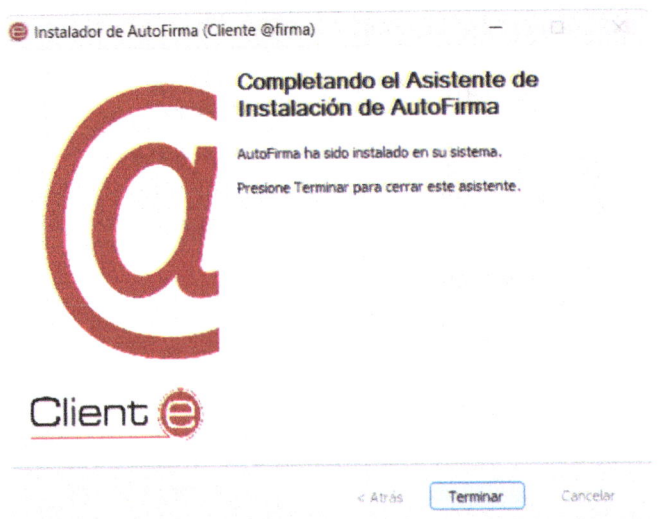

3. Abrir AutoFirma.

Desde el escritorio o el menú de inicio, abre el programa haciendo clic en el icono de **AutoFirma**.

4. Seleccionar el archivo a firmar.

En la pantalla principal de AutoFirma:

- Pulsa el botón **"Seleccionar ficheros a firmar"** o arrastra el documento directamente a la zona central.
- Verás una vista previa con los detalles del documento.

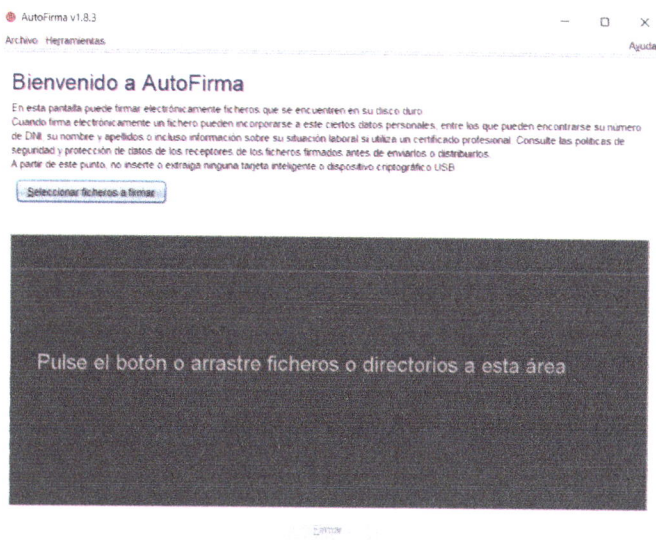

5. Configurar la firma.

Puedes elegir si deseas que la firma sea **visible** dentro del PDF.

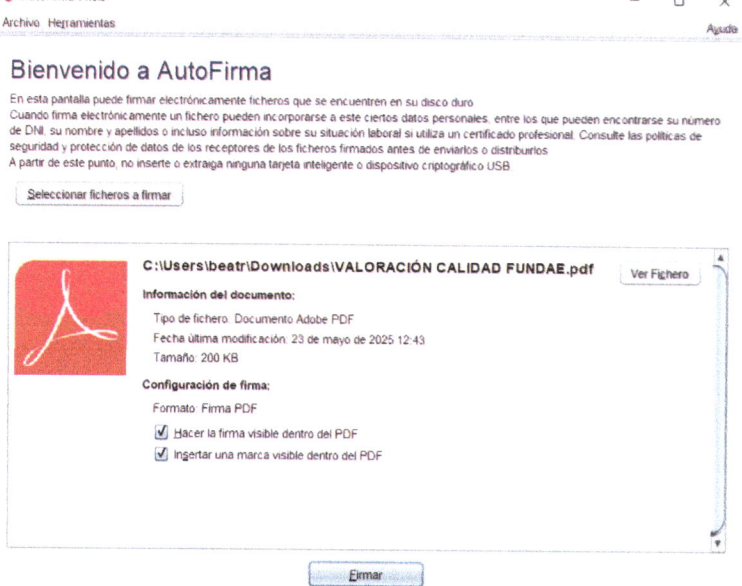

6. Autorizar la firma.

Antes de firmar, AutoFirma te mostrará un aviso:

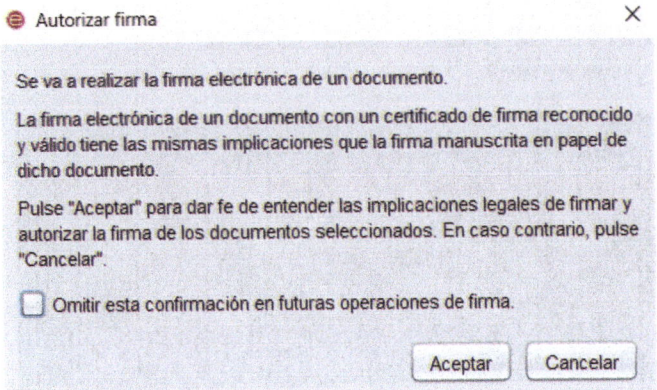

- Haz clic en **"Aceptar"** para autorizar la firma.

7. Seleccionar posición de la firma visible.

AutoFirma permite personalizar cómo y dónde aparecerá la firma dentro del PDF:

- Puedes **indicar las coordenadas X e Y** del área donde se mostrará la firma en el documento.
- Ajusta también la **anchura** y la **altura** del recuadro visible.
- Elige si quieres que se muestre en la **página actual**, en **todas** o en una selección concreta.

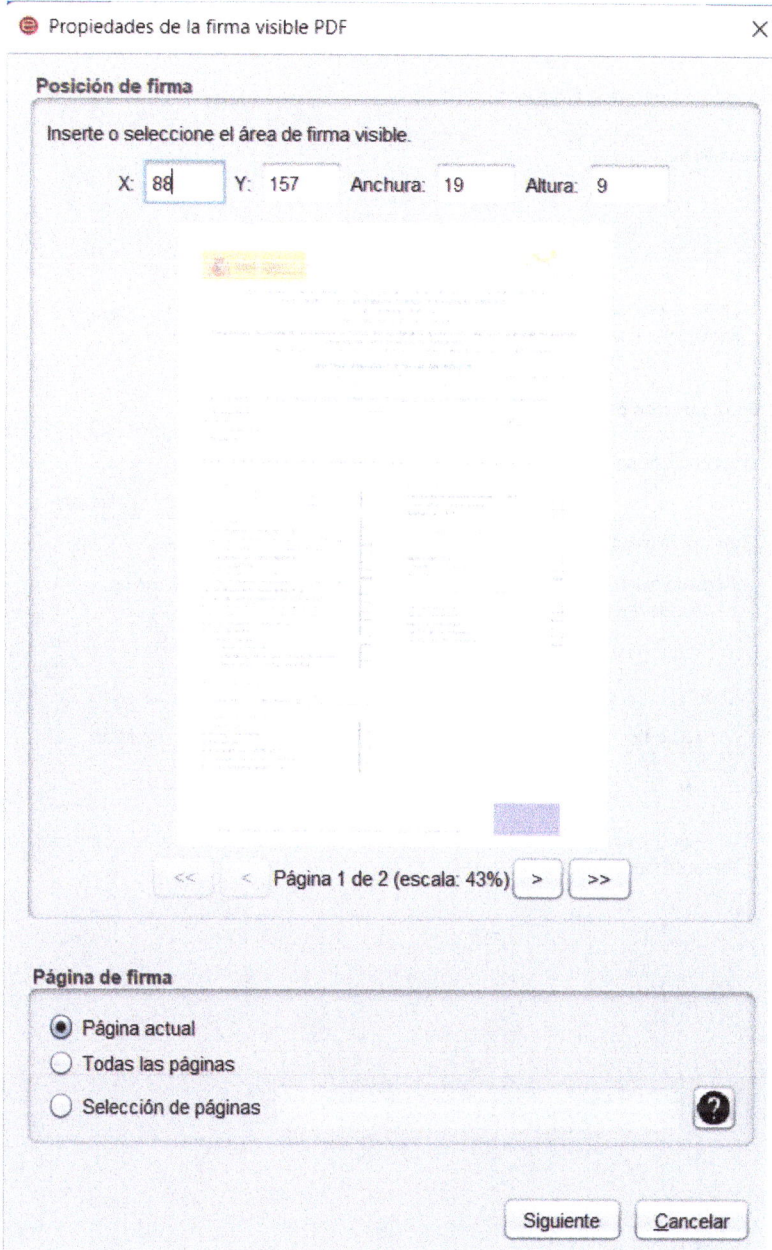

8. Configuración del texto de la firma:

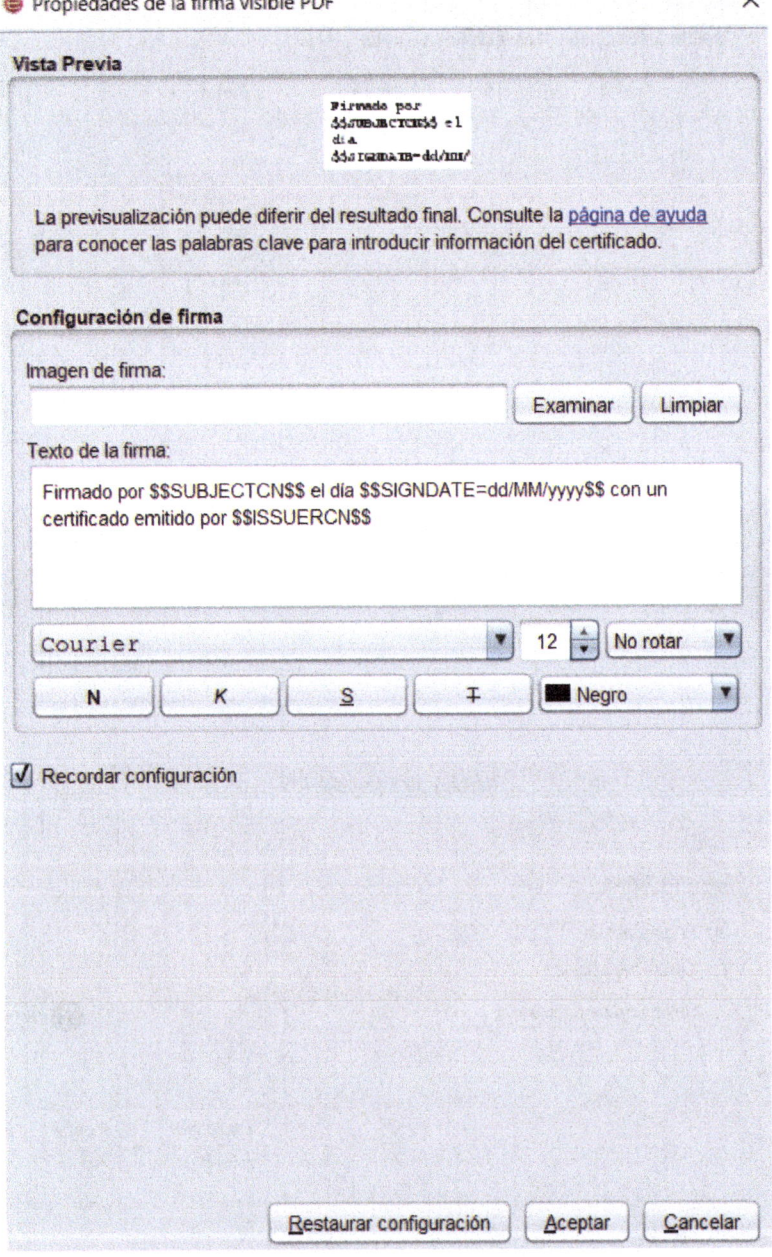

- Puedes incluir un texto personalizado como:

  Firmado por $$SUBJECTCN$$ el día $$SIGNDATE=dd/MM/yyyy$$ con un certificado emitido por $$ISSUERCN$$

- También puedes cargar una **imagen de firma** si la deseas (por ejemplo, un logo o firma escaneada).

- Se puede elegir el tipo y tamaño de letra, el color y si se desea rotar el texto o no.

9. Seleccionar el certificado digital:

Seleccione un certificado

 319535f7-3534-465e-9705-0bdfe508ce19
Emisor: 319535f7-3534-465e-9705-0bdfe508ce19. Uso: Desconocido.
Válido desde: 07/04/2025 hasta 07/04/2026
Haga clic aquí para ver las propiedades del certificado

 **6b3d8843-1ddd-47c3-8d0e-63ffde6620c0**
Emisor: net+DC=windows+CN=MS-Organization-Access+OU=82dbaca4...
Válido desde: 08/05/2024 hasta 08/05/2034
Haga clic aquí para ver las propiedades del certificado

- Una vez configurada la firma, se te pedirá que elijas el **certificado electrónico** con el que deseas firmar.

- Elige el certificado correcto de la lista (aparecen con el emisor, el número de serie y las fechas de validez).

10. Guardar el documento firmado:

- AutoFirma te preguntará dónde deseas **guardar el archivo firmado**.
- El archivo tendrá un nombre como NOMBRE_original_signed.pdf, y quedará listo para ser enviado o presentado.

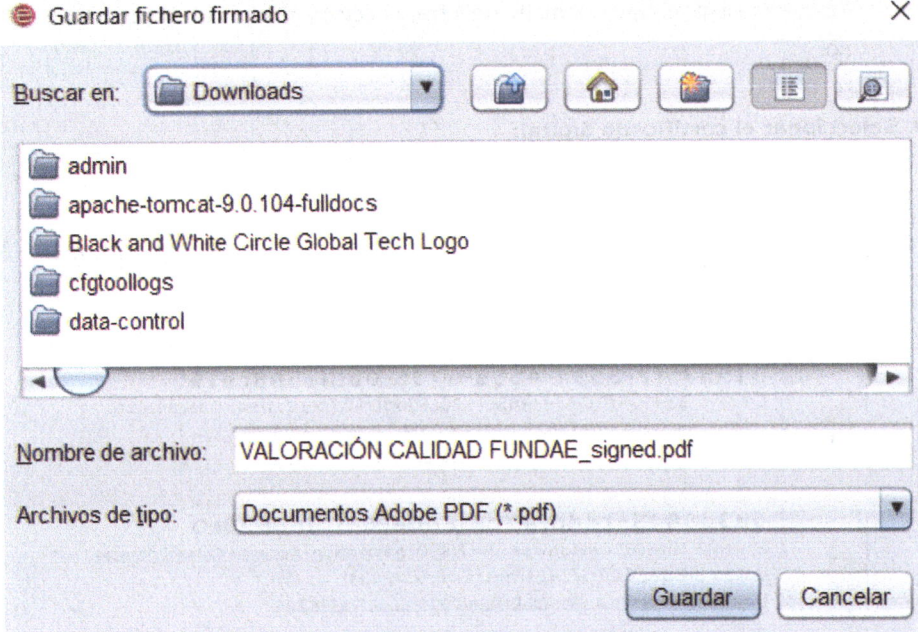

Los prestadores cualificados de servicios de confianza son entidades acreditadas que emiten certificados digitales con todas las garantías legales y técnicas. Estas empresas deben pasar auditorías exigentes, implementar sistemas de sellado de tiempo y figurar en el registro oficial de la Unión Europea. Por su parte, los usuarios deben responsabilizarse de proteger sus claves, verificar la autenticidad de los firmantes y conservar los documentos firmados durante los plazos legalmente exigidos.

Por su parte, la certificación digital se apoya en certificados electrónicos emitidos por entidades de confianza, conocidas como autoridades de certificación. Estos certificados permiten verificar la identidad de personas o empresas y son esenciales para realizar trámites seguros, firmar documentos digitalmente o acceder a servicios online con garantías. En el comercio electrónico, estas herramientas permiten cerrar acuerdos a distancia, otorgar validez legal a los contratos y prevenir fraudes o suplantaciones de identidad.

A continuación, se expone el proceso para obtener un certificado electrónico FNMT con acreditación presencial:

El **certificado electrónico** de la FNMT (Fábrica Nacional de Moneda y Timbre) es una herramienta digital que se instala en el navegador y permite identificarse en Internet con seguridad. Gracias a él, se pueden realizar trámites online tanto en la sede electrónica de la Agencia Tributaria como en otras administraciones públicas que lo acepten. Cuando entres en un trámite que lo requiera, el sistema mostrará una ventana para que selecciones el certificado adecuado antes de continuar.

Este certificado se solicita desde la web de la FNMT (no en la de la Agencia Tributaria) y se instala como software en el equipo. Para su emisión, es obligatorio acudir personalmente a una oficina de registro para verificar la identidad, presentando la documentación requerida. La Agencia Tributaria actúa como una de estas oficinas de acreditación.

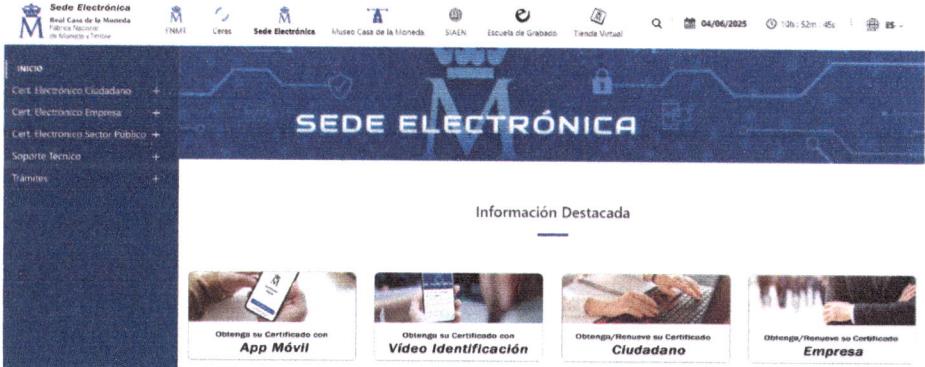

En la web de la FNMT (https://www.sede.fnmt.gob.es/inicio) podrás elegir el tipo de certificado según tu situación:

- **Certificado de Ciudadano (Persona Física)**
- **Certificado del Sector Público**
- **Certificado de Representante de Empresa**, con tres variantes:
  - o Para administrador único o solidario
  - o Para personas jurídicas
  - o Para entidades sin personalidad jurídica

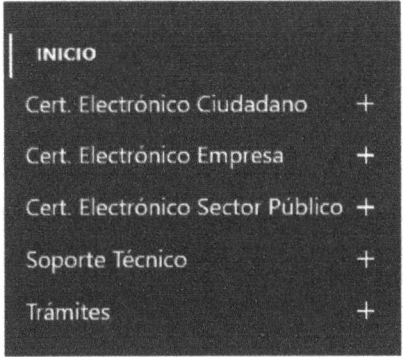

Los pasos para obtener el certificado electrónico FNMT en formato software son los siguientes:

1. Preparación inicial. Antes de solicitar el certificado, es importante configurar tu equipo según las indicaciones de la FNMT:

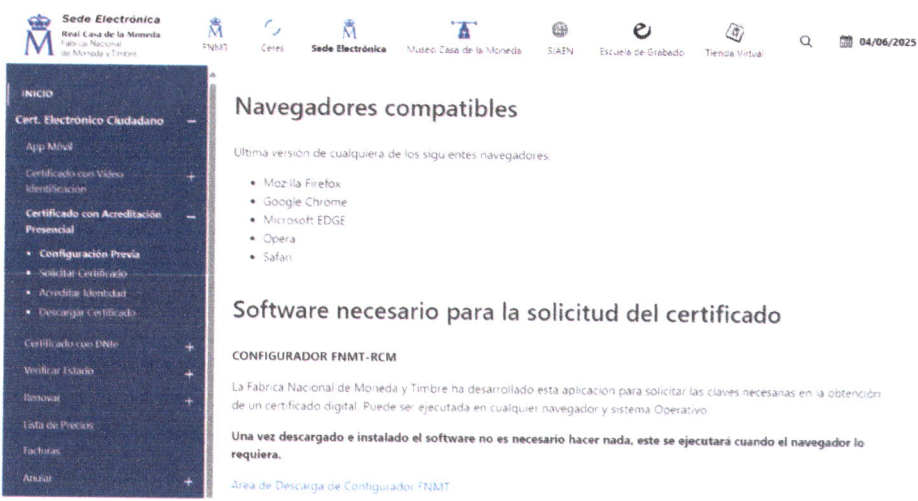

Esto incluye instalar el programa "Configurador FNMT-RCM", disponible en su web.

Asegúrate de elegir la versión correspondiente a tu sistema operativo y seguir los pasos de instalación hasta que esté listo para usarse:

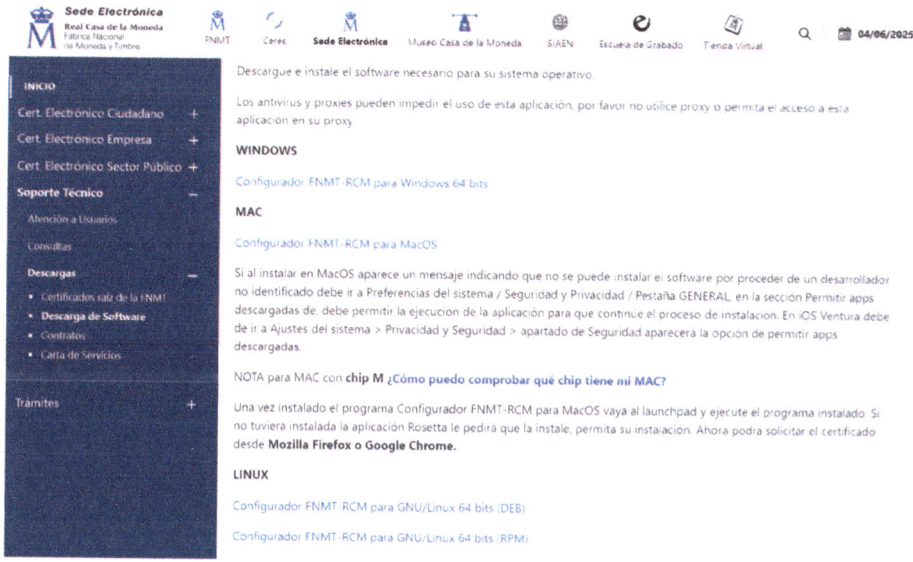

En este caso hemos descargado el configurador para Windows:

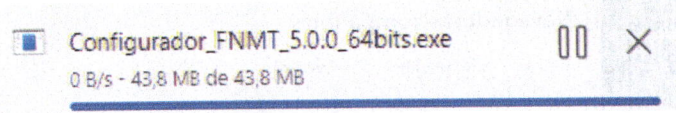

Otorga los permisos que se te soliciten, acepta los términos y haz clic en "Siguiente" hasta que el sistema confirme que la instalación se ha completado correctamente:

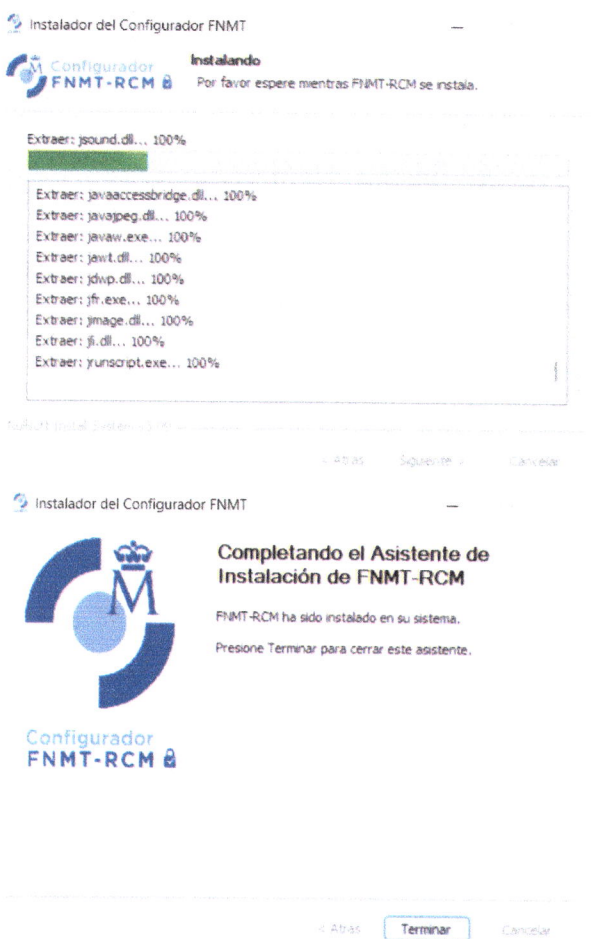

2. Solicitud por Internet. En la web de la FNMT, accede a la opción "Solicitar Certificado". Introduce tu DNI o NIE, primer apellido y un correo electrónico. A ese correo se enviará un **código de solicitud** que necesitarás más adelante:

Al aceptar las condiciones y continuar, deberás establecer una **contraseña personal** para proteger tu solicitud. Esta clave es única y solo tú la conocerás, por lo que si la olvidas tendrás que empezar de nuevo.

Cuando la solicitud se haya enviado correctamente, recibirás en tu correo electrónico el código necesario para la siguiente fase.

3. Acreditación presencial. Con el código recibido y la documentación correspondiente, deberás acudir a una de las oficinas de registro autorizadas para verificar tu identidad. En la web de la FNMT puedes consultar las oficinas disponibles y pedir **cita previa**:

Si solicitas un certificado como persona jurídica, ten en cuenta que los documentos requeridos pueden variar.

4. Descarga del certificado. Una vez acreditada tu identidad, vuelve a la web de la FNMT para descargar el certificado:

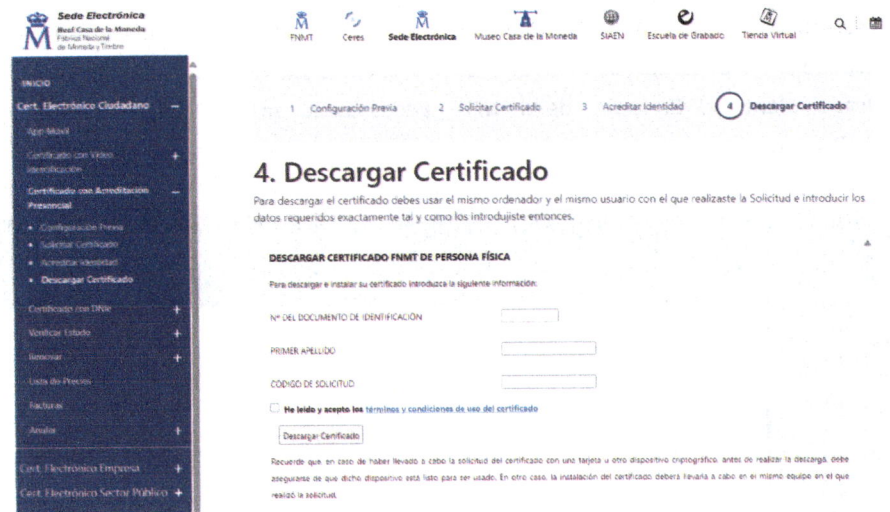

Es importante que utilices el mismo equipo y usuario con el que realizaste la solicitud inicial. Introduce de nuevo tu **NIF** y el código que recibiste, acepta las condiciones y procede a la descarga. El sistema te pedirá la contraseña que creaste al solicitarlo.

En este paso también tendrás la posibilidad de **hacer una copia de seguridad** del certificado. Si eliges "Sí", se guardará automáticamente al terminar la instalación.

5. Copia de seguridad del certificado. Si no hiciste la copia de seguridad durante la instalación, puedes crearla después desde el almacén de certificados del navegador. Esto es muy recomendable, ya que te permitirá usar el certificado en otros dispositivos o recuperarlo en caso de pérdida. Si no cuentas con esta copia y pierdes el certificado, deberás tramitar uno nuevo desde el principio.

Proceso

El resumen de los pasos explicados para obtener el certificado digital es el siguiente.

Se debe entrar en la web de la Fábrica Nacional de Moneda y Timbre y seleccionar la opción de certificado correspondiente (por ejemplo, certificado de persona física).

- **Paso 1: Configuración previa.** Antes de solicitar el certificado, hay que instalar el software necesario en el ordenador desde el que se va a hacer todo el proceso. Es importante usar siempre el mismo dispositivo y usuario durante todo el procedimiento.
- **Paso 2: Solicitud del certificado.** Se rellenan los datos personales requeridos y se aceptan las condiciones de uso. El sistema abrirá el configurador instalado en el paso anterior y pedirá crear una contraseña segura, que será esencial para descargar el certificado y proteger sus copias.
Al finalizar, se recibe un correo electrónico con un código de solicitud y se indican los documentos necesarios para acreditar la identidad.
- **Paso 3: Acreditación de identidad.** El solicitante debe acudir a una oficina de acreditación autorizada (por ejemplo, oficinas de la AEAT) con su documentación personal y el código de solicitud recibido por correo.
- **Paso 4: Descarga del certificado.** Se realiza desde el mismo ordenador donde se hizo la solicitud. Tras introducir el código y aceptar las condiciones, se descarga el certificado e instala automáticamente.

Se pide la contraseña creada anteriormente y se puede generar una copia de seguridad del certificado digital.

Al finalizar el proceso, se muestra un mensaje confirmando la correcta instalación. Este certificado ya puede usarse para firmar documentos, acceder a sedes electrónicas o realizar trámites como presentar impuestos o consultar expedientes administrativos.

Todo el proceso debe realizarse en el mismo equipo y sesión de usuario, y es imprescindible no perder la contraseña creada, ya que será necesaria para usar el certificado y hacer copias de respaldo.

3. La facturación electrónica

La facturación electrónica es otra herramienta clave para reforzar la seguridad y eficiencia en las operaciones comerciales digitales. Consiste en generar, enviar, recibir y archivar facturas electrónicas cumpliendo con los requisitos legales y fiscales. En España, su uso es obligatorio en muchos sectores, especialmente en relaciones con la Administración Pública, y está regulada por normas que aseguran tanto la autenticidad del emisor como la integridad del contenido.

Fig. 3. La facturación electrónica permite emitir, firmar y almacenar facturas con validez legal, reduciendo errores humanos

Entre sus ventajas destacan la reducción de errores y fraudes, la agilización de pagos y cobros, el cumplimiento normativo más sencillo y una mayor trazabilidad de las operaciones. Además, al integrar una firma electrónica en la factura, se refuerza su validez legal y se protege a las partes frente a manipulaciones. Su adopción contribuye también a la sostenibilidad, al reducir el consumo de papel y optimizar el uso de los recursos tecnológicos.

El Informador VERI*FACTU es una herramienta digital interactiva puesta a disposición por la Agencia Tributaria Española (AEAT). Su función principal es ayudar a empresarios y profesionales a comprender y aplicar correctamente los requisitos legales y técnicos que deben cumplir sus sistemas y programas de facturación electrónica.

A través de un sistema de preguntas desplegables, el usuario puede personalizar la consulta en función de su situación particular. Una vez completado el proceso, tiene la opción de recibir un informe detallado en formato PDF por correo electrónico, con todas las indicaciones relevantes.

Anotación

Esta herramienta está fundamentada en un marco normativo actualizado y riguroso. Destacan especialmente el Artículo 29.2.j de la Ley General Tributaria (Ley 58/2003), el Real Decreto 1007/2023, que establece los requisitos técnicos de los sistemas de facturación, y la Orden HAC/1177/2024, que concreta las especificaciones técnicas y funcionales. También se relaciona con el Real Decreto 1619/2012, que regula las obligaciones tradicionales de facturación. Todo este cuerpo legal pretende reforzar la lucha contra el fraude, garantizar la integridad y trazabilidad de las facturas, y promover una digitalización segura y estandarizada.

Fig. 4. La Agencia Tributaria Española (AEAT) facilita el cumplimiento de las obligaciones fiscales mediante servicios digitales, control del fraude y asistencia al contribuyente

El término VERI*FACTU hace referencia a aquellos sistemas de emisión de facturas que permiten su verificación directa por parte de la AEAT. Estos sistemas incluyen, entre otras cosas, códigos QR que facilitan la trazabilidad y validación del documento. Además, ofrecen la posibilidad de enviar automáticamente los registros de facturación a Hacienda, lo que incrementa la transparencia del contribuyente y permite anticiparse a posibles requerimientos o inspecciones.

El informador también ofrece respuestas claras sobre si el nuevo Reglamento de Requisitos de Sistemas Informáticos de Facturación (RRSIF) aplica o no a un caso concreto, y orienta sobre las medidas a implementar en función del tipo de actividad, volumen de operaciones o estructura tecnológica de la empresa. Además, aclara cómo debe integrarse la verificación mediante código QR y qué condiciones deben cumplir los Sistemas VERI*FACTU para ser considerados válidos.

Desde el 23 de abril de 2025, con tres meses de antelación respecto a la fecha inicialmente prevista, la Agencia Tributaria ha puesto en marcha los servicios VERI*FACTU en su Sede Electrónica, dando así un paso significativo en la implantación del Real Decreto 1007/2023, que regula los sistemas de facturación electrónica utilizados por empresarios y profesionales. Estos nuevos servicios permiten tanto la emisión como la consulta y verificación de facturas, y están divididos en herramientas para expedidores y para destinatarios.

Para quienes emiten facturas, ya está disponible el Servicio Web para la remisión de registros de facturación según el artículo 15 del reglamento. Además, para quienes utilizan sistemas VERI*FACTU, se han activado de forma específica los siguientes servicios: el Servicio Web para el envío de registros de facturas verificables (art. 16.1), el Servicio Web para la consulta de registros propios, y una página de descarga de dichos registros. Todo ello facilita una trazabilidad total de las operaciones facturadas, cumpliendo con los estándares de seguridad y control establecidos por la normativa vigente.

En cuanto a los destinatarios de facturas, se habilita el servicio de cotejo mediante código QR (art. 17.1), que permite comprobar la validez de una factura siempre que esta haya sido emitida desde un sistema VERI*FACTU. Además, se ofrece una página de consulta y descarga de registros que hayan sido remitidos a través de estos sistemas. Esto refuerza la transparencia y la confianza en las transacciones electrónicas, además, también contribuye a reducir el fraude y mejorar la eficiencia fiscal.

Resumen

La seguridad en las transacciones comerciales en internet se basa en tres pilares fundamentales: confidencialidad, integridad y autenticidad. Para ello se utilizan tecnologías como la firma electrónica cualificada, que tiene el mismo valor legal que una firma manuscrita; los certificados digitales, que verifican la identidad de los participantes; y la facturación electrónica, que sustituye al papel con ventajas añadidas como trazabilidad y menor riesgo de errores o fraudes.

En España, la Ley 6/2020 adapta el marco nacional al Reglamento eIDAS, que establece normas comunes para los servicios de confianza en toda la UE. También destaca la Ley 25/2013, que obliga a emitir facturas electrónicas en el ámbito público, y la Ley Orgánica 3/2018, que refuerza la protección de datos personales en entornos digitales.

La firma electrónica puede ser simple, avanzada o cualificada, y su uso está ampliamente extendido gracias a prestadores acreditados como la FNMT. A través del portal CERES, los usuarios pueden obtener su certificado digital para firmar documentos y realizar gestiones seguras con la administración.

En cuanto a la facturación electrónica, la Agencia Tributaria ha puesto en marcha el sistema VERI*FACTU, que permite verificar facturas mediante código QR y automatizar el envío de registros fiscales, reforzando la lucha contra el fraude y aumentando la transparencia tributaria.

Glosario

Certificado digital

Documento electrónico emitido por una entidad de confianza que acredita la identidad de una persona o empresa.

Cifrado

Técnica que convierte la información en un formato ilegible para proteger su confidencialidad durante las transacciones.

eIDAS

Reglamento europeo que regula la identificación electrónica y los servicios de confianza para las transacciones digitales.

Factura electrónica

Documento fiscal generado y gestionado de forma electrónica con la misma validez que una factura en papel.

Firma electrónica cualificada (FEQ)

Tipo de firma electrónica con validez legal equivalente a una firma manuscrita.

Firma electrónica

Método digital que permite identificar al firmante de un documento y garantizar su integridad.

FNMT-CERES

Proyecto de la Fábrica Nacional de Moneda y Timbre para la emisión de certificados digitales reconocidos en España.

Ley 6/2020

Normativa española que regula los servicios electrónicos de confianza, incluida la firma electrónica.

Prestador de servicios de confianza

Entidad acreditada para emitir certificados digitales y otros servicios de identificación digital.

VERI*FACTU

Sistema de la Agencia Tributaria que permite emitir y verificar facturas electrónicas mediante código QR.

Ejercicios de autoevaluación

1. ¿Qué garantiza la firma electrónica cualificada?

    a. Que el documento ha sido enviado por email.

    b. La misma validez legal que una firma manuscrita.

    c. Que el documento contiene imágenes.

    d. Que el documento es confidencial.

2. ¿Qué entidad española emite certificados digitales reconocidos para firmar documentos?

    a. INE.

    b. CNMC.

    c. FNMT – CERES.

    d. Red.es

3. ¿Cuál de los siguientes elementos protege la confidencialidad de los datos durante una transacción digital?

    a. Firma escaneada.

    b. Cifrado.

    c. Código de barras.

    d. Marca de agua.

4. ¿Qué ley española regula actualmente los servicios electrónicos de confianza?

    a. Ley 25/2013.

    b. Ley 6/2020.

    c. Ley 59/2003.

    d. Ley 11/2007.

5. **¿Qué normativa europea regula la firma electrónica y los servicios de confianza?**

  a. GDPR.

  b. Reglamento (UE) Nº 910/2014 (eIDAS).

  c. ISO 27001.

  d. Real Decreto 1619/2012.

6. **¿Qué tipo de firma electrónica permite identificar al firmante y detectar modificaciones posteriores en el documento?**

  a. Firma manuscrita.

  b. Firma escaneada.

  c. Firma electrónica avanzada (FEA).

  d. Firma de voz.

7. **¿Qué sistema permite enviar facturas verificables a la Agencia Tributaria con un código QR?**

  a. EFacturaPlus.

  b. VERI*FACTU.

  c. FacturaNet.

  d. eFirmaAEAT.

8. **¿Qué debe hacer el solicitante tras recibir el código de solicitud de un certificado digital de la FNMT?**

  a. Enviar un SMS.

  b. Acreditar su identidad presencialmente.

  c. Pagar con tarjeta.

  d. Firmar un contrato en papel.

9. **¿Cuál es el formato estándar obligatorio para facturación electrónica en el sector público español?**

   a. XMLFree.
   b. Facturae.
   c. OpenFact.
   d. FAE-PDF.

10. **¿Qué ley obliga a emitir facturas electrónicas al tratar con la Administración Pública?**

    a. Ley 25/2013.
    b. Ley Orgánica 3/2018.
    c. Ley 58/2003.
    d. Ley de Comercio Electrónico 2007.

U. A. 6. La seguridad en las transacciones comerciales en internet

U. A. 7. Marketing en la nueva economía

Introducción

En un entorno empresarial cada vez más competitivo y digitalizado, gestionar eficazmente la relación con los clientes se ha convertido en un factor diferencial para el éxito. La herramienta clave para ello es el CRM (Customer Relationship Management), un sistema diseñado para recopilar, analizar y utilizar la información de los clientes con el fin de ofrecer una atención personalizada, mejorar la fidelización y optimizar las acciones comerciales y de marketing.

Los CRM actuales han evolucionado más allá de simples agendas o bases de datos. Incorporan inteligencia artificial, capacidades predictivas y automatización avanzada, permitiendo anticipar necesidades, responder con agilidad y crear experiencias únicas para cada cliente. Gracias a la integración con redes sociales, ecommerce y plataformas de marketing, el CRM ofrece hoy una visión 360° del cliente, conectando todos los puntos de contacto de forma inteligente y coordinada.

Objetivos

- Comprender cómo funcionan los sistemas CRM y qué papel desempeñan en la mejora de la relación con los clientes, la personalización de las interacciones y el incremento de las ventas.
- Identificar las funciones avanzadas de los CRM modernos, como la inteligencia artificial, la automatización de procesos y la integración multicanal, y cómo estas mejoran la eficiencia operativa.

1. CRM: La gestión de las relaciones con el cliente

La gestión de relaciones con el cliente (CRM, por sus siglas en inglés) es un pilar estratégico clave para cualquier organización que aspire a crecer de forma sostenible. Los sistemas CRM han alcanzado una madurez tecnológica que les permite funcionar como centros neurálgicos de información personalizada, gestionando los datos básicos de los clientes, su historial de interacciones, patrones de comportamiento, intereses e incluso estados emocionales detectados mediante análisis de sentimiento.

Vocabulario

CRM (Customer Relationship Management): Es un sistema que permite gestionar de forma centralizada y automatizada todas las relaciones de una empresa con sus clientes. Incluye desde los datos de contacto y el historial de compras, hasta sus preferencias y comportamientos. Su objetivo es mejorar la experiencia del cliente, fidelizarlo y aumentar las ventas mediante acciones personalizadas y predictivas.

Los CRM actuales incluyen módulos de inteligencia artificial (IA) que procesan grandes volúmenes de información en tiempo real, lo que permite generar recomendaciones automáticas, lanzar ofertas específicas y mejorar los tiempos de respuesta. Estas plataformas se apoyan también en análisis predictivo para anticipar futuras compras, abandonos o necesidades del cliente, mejorando la planificación de campañas y la retención. Un buen ejemplo es el uso de IA generativa para redactar automáticamente correos personalizados o scripts de atención al cliente, ajustados a cada perfil.

Fig. 1. La inteligencia artificial potencia los sistemas CRM al predecir comportamientos de compra y automatizar interacciones personalizadas

En el ámbito de la automatización, los CRM modernos permiten configurar flujos de trabajo automáticos que liberan a los equipos comerciales de tareas repetitivas, como el envío de correos de seguimiento, la programación de citas o la clasificación de leads. A esto se suma la integración de chatbots con lenguaje natural y asistentes virtuales, que dan soporte inmediato a clientes en cualquier franja horaria y reducen la carga de trabajo de los equipos humanos.

Además, gracias a la conectividad con plataformas de redes sociales, ecommerce y marketing digital, se consigue una visión unificada del cliente (Customer 360), donde todos los canales y departamentos acceden a la misma información y pueden coordinar sus acciones con mayor precisión. Esta interconexión permite ofrecer una experiencia hiperpersonalizada, uno de los factores más valorados por los consumidores digitales.

Salesforce: Plataforma CRM líder a nivel mundial. Permite gestionar ventas, marketing, atención al cliente y automatizaciones con IA (Einstein GPT). Muy usada en grandes empresas: https://www.salesforce.com/es/

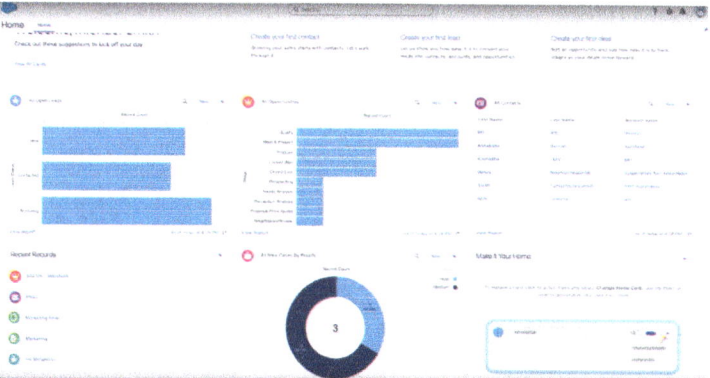

HubSpot CRM: Solución *freemium* muy extendida entre pymes. Ofrece gestión de contactos, marketing por correo, embudos de ventas y análisis en tiempo real: https://www.hubspot.es/products/crm

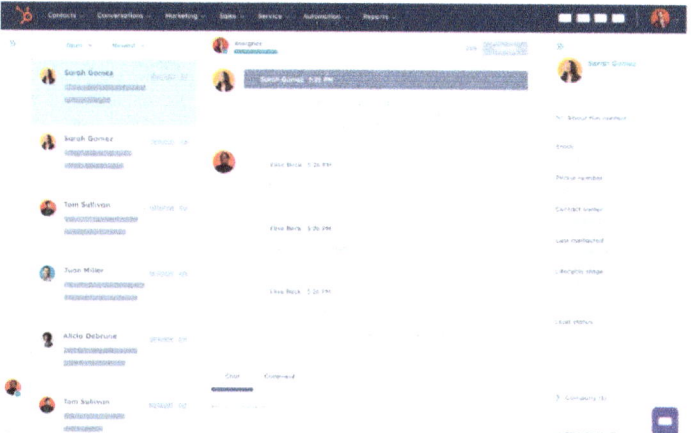

Zoho CRM: Completa, flexible y más económica. Integra marketing, atención al cliente y automatización. Muy usada en entornos educativos y startups: https://www.zoho.com/es-xl/crm/

2. SCM: La gestión de la cadena de suministro

La gestión de la cadena de suministro (SCM, Supply Chain Management) ha dejado de ser una función operativa aislada para convertirse en un componente estratégico, especialmente en entornos globalizados e interconectados. Las empresas utilizan sistemas SCM avanzados para monitorizar y coordinar en tiempo real todas las etapas del ciclo de vida de un producto.

Vocabulario

SCM (Supply Chain Management): Es la gestión coordinada de todos los procesos que forman parte de la cadena de suministro de una empresa: aprovisionamiento, fabricación, almacenamiento, distribución y entrega al cliente final. Busca optimizar los recursos, reducir costes y ofrecer una respuesta ágil y eficiente en un mercado cambiante, utilizando tecnologías como IoT o big data.

Fig. 2. Las plataformas SCM permiten coordinar digitalmente proveedores, almacenes y transporte, mejorando la eficiencia logística y reduciendo roturas de stock

La digitalización del SCM permite anticiparse a riesgos logísticos, adaptarse a cambios inesperados (como roturas de stock o variaciones en la demanda) y optimizar todos los procesos. Tecnologías como el Internet de las Cosas (IoT) se aplican, por ejemplo, para controlar la temperatura de productos perecederos durante el transporte o para detectar desvíos en rutas de distribución.

A su vez, el big data y los gemelos digitales ayudan a simular escenarios y tomar decisiones basadas en datos reales, como redimensionar inventarios o renegociar acuerdos con proveedores.

Otro avance clave es la automatización inteligente en almacenes, mediante sistemas de picking robotizado, etiquetas RFID y plataformas de trazabilidad, que permiten conocer en todo momento dónde se encuentra cada producto. Estas soluciones están ya implantadas en sectores estratégicos como alimentación, textil y automoción, donde el control del tiempo y la calidad son diferenciales.

Además, los sistemas SCM modernos conectan con los proveedores directos, y, también con toda la red extendida de actores logísticos, desde fabricantes a distribuidores, operadores de última milla y puntos de venta físicos o digitales.

Ejemplo

- **SAP SCM:** Módulo específico de SAP para gestionar la cadena logística global. Utilizado por grandes empresas industriales y de distribución.
- **Oracle SCM Cloud:** Plataforma en la nube que permite planificar la producción, gestionar inventarios, proveedores y entregas. Popular en sectores tecnológicos.
- **Infor Supply Chain:** Conocida en el sector de fabricación y distribución. Muy visual y centrada en la visibilidad y trazabilidad de toda la cadena.

3. El CRM y el SCM dentro de los sistemas integrados de gestión

La integración de los módulos CRM y SCM en sistemas ERP (Enterprise Resource Planning) es una tendencia consolidada en la economía digital actual. En lugar de funcionar como herramientas separadas, estas soluciones se conectan en una plataforma centralizada, lo que permite a las empresas tener una visión transversal y en tiempo real de todos sus procesos internos y externos.

Vocabulario

ERP (Enterprise Resource Planning): Es un sistema de gestión integral que unifica y automatiza todos los procesos de una empresa (ventas, finanzas, compras, producción, recursos humanos, CRM, SCM, etc.) en una única plataforma. Permite que todas las áreas compartan datos en tiempo real, mejorando la toma de decisiones y la eficiencia global del negocio.

Por ejemplo, cuando el CRM detecta un incremento en la demanda de un producto a través de los pedidos o consultas de clientes, esa información se transfiere automáticamente al SCM, que puede ajustar el inventario, anticipar aprovisionamientos y reorganizar la producción sin intervención manual. A su vez, el área de marketing puede lanzar campañas segmentadas basadas en datos actualizados de stock, garantizando así que la oferta y la demanda estén perfectamente alineadas.

Fig. 3. Coordinación automatizada: del cliente al almacén, pasando por producción y marketing, todo en un mismo flujo gracias a la integración CRM–SCM

Esta conexión directa entre departamentos permite una respuesta ágil ante cualquier cambio del entorno, como una rotura de suministros, una tendencia emergente o un pico de demanda estacional. Además, mejora la experiencia del cliente final, ya que evita errores de stock, reduce los tiempos de entrega y facilita una atención más rápida y personalizada.

Ejemplo

- **SAP S/4HANA:** Uno de los ERPs más potentes del mundo. Integra finanzas, compras, logística, RRHH, CRM y más. Usado por grandes multinacionales.
- **Microsoft Dynamics 365:** Solución modular y flexible. Incluye CRM, ERP, SCM y BI en la nube. Muy implantado en medianas y grandes empresas en España.
- **Odoo:** ERP de código abierto, muy popular entre pymes. Incluye módulos de ventas, compras, CRM, contabilidad y más. Permite personalizaciones.

En **Odoo**, los módulos de CRM y SCM no solo están disponibles por separado, sino que están **interconectados dentro del propio ERP**, lo que permite una gestión integral y automatizada. Por ejemplo, cuando se registra un nuevo cliente potencial o un aumento en las solicitudes de un producto, el CRM puede generar automáticamente una orden de venta. Si el stock no es suficiente, el módulo de inventario lo detecta y puede activar órdenes de compra o de fabricación según corresponda.

Los módulos de Odoo son los siguientes:

A. Sitio web

- **Sitio web:** Creador visual de páginas web corporativas.
- **Comercio electrónico:** Tienda online integrada con inventario y ventas.
- **Blog:** Publicación de artículos, noticias o contenidos de marca.
- **Foro:** Sistema de foros de preguntas y respuestas.
- **eLearning:** Gestión y publicación de cursos online.
- **Chat en vivo:** Chat en tiempo real con visitantes del sitio web.

Sitio web

Sitio web
Creador de sitio web para empresas

Comercio electrónico
Vende tus productos en línea

Blog
Publica entradas de blog, anuncios, noticias

Foro
Gestiona foros con preguntas frecuentes

eLearning
Gestiona y publica cursos

Chat en vivo
Chatea con tus visitantes del sitio web

B. Ventas y relaciones comerciales

- **CRM:** Gestión de oportunidades comerciales y clientes potenciales.
- **Ventas:** Presupuestos, pedidos, facturación y gestión de ventas.
- **Punto de venta (TPV):** Gestión de tienda física o restaurante con caja y productos.
- **Suscripciones:** Gestión de facturación recurrente.
- **Alquiler:** Gestión de alquileres, entregas y devoluciones.

Ventas

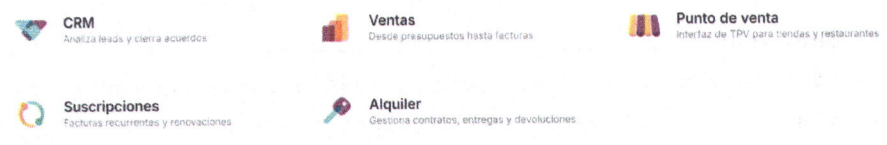

CRM
Analiza leads y cierra acuerdos

Ventas
Desde presupuestos hasta facturas

Punto de venta
Interfaz de TPV para tiendas y restaurantes

Suscripciones
Facturas recurrentes y renovaciones

Alquiler
Gestiona contratos, entregas y devoluciones

C. Finanzas

- **Contabilidad:** Contabilidad general, impuestos, bancos, informes.
- **Facturación:** Gestión de facturas, pagos y cobros.
- **Gastos:** Control de gastos de empleados.
- **Documentos:** Gestión y almacenamiento documental.
- **Hojas de cálculo:** Hojas de cálculo integradas para análisis.

- **Firma electrónica:** Firma de documentos online.

Finanzas

D. Inventario y fabricación

- **Inventario:** Control de stock y movimientos de productos.
- **Fabricación:** Planificación y ejecución de órdenes de producción.
- **Gestión del ciclo de vida del producto:** Versiones, documentación técnica de productos.
- **Compra:** Gestión de pedidos y acuerdos con proveedores.
- **Mantenimiento:** Gestión del mantenimiento de equipos.
- **Calidad:** Control e inspección de calidad de productos.

Inventario y fabricación

E. Recursos humanos

- **Empleados:** Gestión de datos de empleados.

- **Reclutamiento:** Gestión de ofertas y candidatos.
- **Ausencias:** Gestión de vacaciones y bajas.
- **Evaluación:** Evaluación del desempeño del personal.
- **Referencias:** Sistema de recomendación de candidatos.
- **Flota:** Gestión de vehículos y costes asociados.

Recursos humanos

F. Marketing

- **Automatización de marketing:** Campañas automatizadas por email o eventos.
- **Marketing por correo electrónico:** Diseño y seguimiento de campañas de email.
- **Marketing por SMS:** Envío y seguimiento de campañas SMS.
- **Marketing social:** Gestión de redes sociales.
- **Organización de eventos:** Publicación de eventos y gestión de entradas.
- **Encuesta:** Creación y envío de encuestas.

Marketing

G. Servicios

- **Proyecto:** Gestión de tareas y planificación de proyectos.
- **Parte de horas:** Registro de tiempo por tareas.
- **Servicio de campo:** Seguimiento de actividades fuera de oficina.
- **Servicio de asistencia:** Gestión de tickets de soporte.
- **Planificación:** Asignación de turnos y horarios.
- **Citas:** Agenda y reservas de reuniones.

Servicios

H. Productividad

- **Conversaciones:** Mensajería interna y canales de comunicación.
- **Aprobaciones:** Gestión de solicitudes de aprobación.
- **Internet de las cosas (IoT):** Integración con dispositivos inteligentes.
- **VOIP:** Llamadas telefónicas integradas.
- **Información:** Base de conocimiento interna.

Productividad

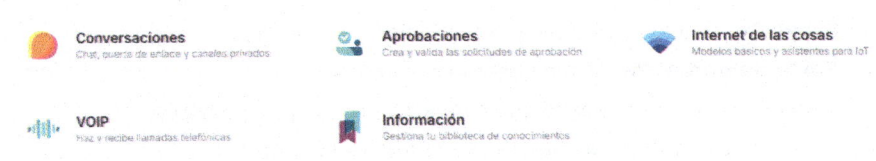

Conversaciones
Chat, puerta de enlace y canales privados

Aprobaciones
Crea y valida las solicitudes de aprobación

Internet de las cosas
Modelos básicos y asistentes para IoT

VOIP
Haz y recibe llamadas telefónicas

Información
Gestiona tu biblioteca de conocimientos

I. Personalización

- **Studio:** Personalización de módulos sin programación.

Esta solución es especialmente interesante para pymes porque permite conseguir una eficiencia similar a la de grandes empresas, pero con un coste mucho menor y con opciones de personalización adaptadas a cada negocio.

Personalización

Studio
Crea y personaliza tus aplicaciones de Odoo

Resumen

El CRM se ha consolidado como una herramienta estratégica en la gestión empresarial, ya que centraliza toda la información de los clientes y permite diseñar campañas y acciones comerciales personalizadas. Su evolución ha estado marcada por la incorporación de tecnologías como la inteligencia artificial, que permite automatizar interacciones, anticipar necesidades y generar contenido personalizado. Además, los CRM modernos están integrados con herramientas de atención al cliente, ventas, redes sociales y marketing digital, lo que facilita una gestión coordinada y eficaz.

Gracias a estas capacidades, las empresas pueden identificar patrones de comportamiento, segmentar a sus clientes con mayor precisión y automatizar tareas como el envío de correos, la programación de citas o la clasificación de leads. Ejemplos como Salesforce, HubSpot o Zoho CRM demuestran cómo estas plataformas se adaptan a distintos tipos de negocio, desde grandes corporaciones hasta pequeñas empresas, ofreciendo soluciones escalables, conectadas y orientadas al cliente.

Glosario

Análisis predictivo

Técnica basada en datos históricos para anticipar acciones futuras del cliente, como compras, abandono o necesidades emergentes.

Automatización de flujos de trabajo

Programación de tareas automáticas dentro del CRM, como correos de seguimiento, alertas o asignación de clientes a comerciales.

Chatbots

Programas automáticos que interactúan con los clientes en lenguaje natural para resolver dudas o guiarlos dentro del proceso comercial.

CRM (Customer Relationship Management)

Sistema que centraliza la información de los clientes para mejorar su atención, fidelización y conversión, mediante acciones personalizadas y automatizadas.

Integración multicanal

Conexión del CRM con distintos canales de comunicación (email, redes sociales, ecommerce, atención telefónica) para centralizar la información y mejorar la coherencia.

Inteligencia artificial (IA)

Tecnología que permite a los CRM predecir comportamientos, automatizar respuestas y personalizar contenidos en tiempo real.

Lead

Persona o empresa que ha mostrado interés en los productos o servicios de una empresa y que puede convertirse en cliente.

Segmentación

División de la base de datos de clientes en grupos con características similares para diseñar estrategias más efectivas.

Visión 360° del cliente

Enfoque que integra toda la información relevante de un cliente (historial, preferencias, interacciones) para ofrecer una atención coherente y completa desde cualquier canal.

Personalización

Capacidad de adaptar el contenido, las ofertas o la atención al perfil, intereses y comportamiento de cada cliente.

Ejercicios de autoevaluación

1. ¿Qué significa CRM en el contexto empresarial?

    a. Customer Relationship Management.

    b. Central de Recursos del Marketing.

    c. Control de Recursos Móviles.

    d. Cliente Responsable de Marketing.

2. ¿Cuál es uno de los objetivos principales de un sistema CRM?

    a. Reducir el número de clientes.

    b. Automatizar la contabilidad general.

    c. Mejorar la relación y fidelización del cliente.

    d. Gestionar la nómina de los empleados.

3. ¿Qué tecnología permite a los CRM modernos anticipar el comportamiento de los clientes?

    a. Blockchain.

    b. Inteligencia artificial.

    c. Realidad aumentada.

    d. Encriptación SSL.

4. ¿Qué tipo de tareas suelen automatizarse dentro de un CRM?

    a. Envío de correos de seguimiento y programación de citas.

    b. Diseño de productos físicos.

    c. Evaluación del clima laboral.

    d. Auditorías fiscales externas.

5. ¿Qué herramienta puede integrarse en un CRM para ofrecer atención al cliente automática en cualquier momento?

a. Base de datos relacional.

b. Chatbot.

c. PDF interactivo.

d. Panel de control financiero.

6. ¿Qué ventaja aporta la integración del CRM con redes sociales y ecommerce?

a. Aumenta el gasto en marketing.

b. Disminuye la interacción con los clientes.

c. Permite una visión unificada del cliente.

d. Elimina la necesidad de segmentación.

7. ¿Qué plataforma CRM es conocida por su uso gratuito en pequeñas empresas?

a. SAP.

b. Oracle.

c. HubSpot.

d. Microsoft Dynamics.

8. ¿Qué se entiende por "visión 360° del cliente" en un CRM?

a. Un análisis financiero mensual.

b. Un informe de la competencia.

c. Una vista completa y actualizada de todos los datos del cliente.

d. Un resumen de redes sociales.

9. **¿Qué tipo de análisis permite prever futuras acciones de los clientes dentro de un CRM?**

   a. Análisis financiero.

   b. Análisis emocional.

   c. Análisis predictivo.

   d. Análisis forense.

10. **¿Cuál es una función común de los CRM con IA generativa?**

    a. Diseñar logotipos automáticamente.

    b. Redactar correos personalizados para clientes.

    c. Gestionar nóminas.

    d. Crear inventarios en almacenes.

U. A. 7. Marketing en la nueva economía

U. A. 8. Procesos de negocio

Introducción

En el corazón de toda organización eficiente se encuentran los procesos: secuencias de tareas interrelacionadas que transforman recursos en resultados. Comprender qué son, cómo se gestionan y por qué son esenciales permite a las empresas mejorar su rendimiento, adaptarse al cambio y garantizar la calidad de sus productos o servicios. Este tema explora la evolución de la gestión tradicional hacia una gestión por procesos, más transversal e integrada, así como las metodologías y herramientas tecnológicas que permiten optimizar la operativa diaria en cualquier sector.

Objetivos

- Comprender el papel estratégico de los procesos en la organización, diferenciando entre gestión tradicional y gestión por procesos, e identificando las ventajas de un enfoque integrado.
- Familiarizarse con metodologías y herramientas digitales como IDEFO, ERP, BPM o CRM, que permiten modelar, automatizar y mejorar los procesos en entornos empresariales actuales.

1. ¿Qué son los procesos?

Un proceso es una secuencia organizada de tareas relacionadas entre sí, que comienzan en un punto, se desarrollan paso a paso y culminan en un resultado concreto. Aunque existen distintos tipos de procesos, todos comparten un mismo propósito: transformar ciertos elementos iniciales (entradas) en resultados finales que aporten valor. En el entorno empresarial, los procesos pueden abarcar desde la elaboración de productos hasta la gestión de clientes o la administración de datos.

En un restaurante, uno de los procesos esenciales es la elaboración de los platos. Comienza con la selección y preparación de ingredientes, continúa con la cocción y termina cuando el plato es servido al cliente.

Los procesos empresariales han evolucionado significativamente gracias a la integración de tecnologías avanzadas como la inteligencia artificial (IA) y la automatización. Estas herramientas permiten que las tareas rutinarias sean gestionadas de manera más eficiente, liberando recursos humanos para actividades estratégicas.

Fig. 1. La adopción de plataformas digitales facilita la monitorización en tiempo real y la toma de decisiones basada en datos

2. Papel e importancia de los procesos en la empresa

Los procesos son piezas muy importantes en el funcionamiento de cualquier organización, ya que:

- **Organizan el trabajo**: Marcan los pasos que deben seguirse para que las tareas se realicen de forma ordenada.
- **Mejoran la eficiencia**: Permiten eliminar actividades innecesarias, reducir costes y ahorrar tiempo.
- **Aseguran la calidad**: Facilitan el cumplimiento de estándares, aumentando la uniformidad en productos y servicios.
- **Impulsan la mejora continua**: Al estar identificados, pueden revisarse, ajustarse y perfeccionarse con el tiempo.
- **Aumentan la satisfacción del cliente**: Un proceso optimizado da como resultado un producto o servicio más ágil, más fiable y mejor valorado.

Ejemplo

En una fábrica de coches, si los pasos del montaje están bien establecidos y controlados, se pueden fabricar vehículos más rápidamente, con menos fallos y garantizando la calidad esperada.

3. Diferencia entre la gestión tradicional y la gestión de procesos

Las empresas pueden gestionar su actividad siguiendo dos enfoques principales:

- **Gestión tradicional:**
  - o Está basada en departamentos independientes (ventas, producción, RRHH...).
  - o Cada área trabaja de forma autónoma y se enfoca en sus propios objetivos.
  - o Es común que surjan barreras de comunicación entre áreas.

- **Gestión por procesos:**
  - o Se centra en cómo se relacionan y colaboran distintas áreas para alcanzar objetivos comunes.
  - o Favorece una visión global de la empresa y mejora la coordinación.
  - o Permite optimizar el flujo de tareas, evitando repeticiones y retrasos.

En general, la gestión tradicional, centrada en departamentos aislados, ha dado paso a una gestión por procesos más integrada y colaborativa. En la actualidad, las organizaciones adoptan enfoques que promueven la transversalidad y la comunicación interdepartamental, facilitando una visión holística de la empresa. Este cambio permite una mayor agilidad en la toma de decisiones y una respuesta más eficaz a las demandas del mercado, mejorando la eficiencia y la innovación.

4. Propietario de un proceso

El propietario de un proceso es la persona responsable de que un proceso funcione de manera eficaz. Este rol implica liderar, vigilar y mejorar continuamente el proceso para que cumpla sus objetivos.

Sus funciones incluyen:

- Describir claramente el proceso y sus fases.
- Verificar que se alcancen los objetivos definidos.
- Detectar problemas o posibilidades de mejora.
- Actuar como enlace entre las diferentes áreas implicadas.
- Tomar decisiones para resolver incidencias o cuellos de botella.

Ejemplo

En una tienda online, el responsable del proceso de ventas se encarga de que todo funcione correctamente, desde que el cliente realiza el pedido hasta que recibe el producto.

Fig. 2. El rol del propietario de un proceso ha adquirido una dimensión estratégica

La figura del propietario también lidera iniciativas de mejora continua, integrando tecnologías emergentes y fomentando la colaboración entre equipos. Su responsabilidad incluye la alineación del proceso con los objetivos organizacionales y la adaptación a las tendencias del mercado, asegurando así la eficacia del proceso en el entorno empresarial actual.

5. De la gestión de los procesos a la gestión por procesos

Pasar de gestionar procesos de forma aislada a gestionar por procesos de forma integrada supone una transformación en cómo se dirige una organización.

- **Gestión de los procesos:** consiste en mejorar procesos concretos dentro de un departamento (por ejemplo, solo en compras o solo en atención al cliente).
- **Gestión por procesos:** busca coordinar todos los procesos de la empresa, entendiendo que todos están interrelacionados.

Esta gestión global facilita la comunicación entre áreas, evita duplicidades y mejora el rendimiento general.

Ejemplo

En un hospital, mejorar solo urgencias (gestión de procesos) es útil, pero coordinar urgencias, consultas, administración y farmacia (gestión por procesos) mejora la experiencia completa del paciente.

La transición hacia una gestión por procesos implica una transformación cultural y organizacional significativa. En la actualidad, las empresas adoptan modelos que priorizan la interconexión de procesos y la colaboración entre áreas, utilizando plataformas digitales que permiten una visión integral y en tiempo real de las operaciones.

6. Los procesos como base de la gestión de las organizaciones

Los procesos no son simples tareas aisladas, sino el pilar que sostiene el funcionamiento de cualquier empresa. Definirlos adecuadamente garantiza organización, coherencia y oportunidades de mejora.

Su importancia radica en varios aspectos clave. La estandarización asegura que cada tarea se realice de manera uniforme, minimizando errores y garantizando consistencia. La optimización permite reducir tiempos, costes y recursos, mejorando la eficiencia operativa. La adaptabilidad facilita la incorporación de mejoras y la respuesta ágil a los desafíos del mercado, mientras que la calidad contribuye a mantener altos estándares en productos y servicios.

Además de ser la base estructural de la gestión organizacional, los procesos permiten a las empresas fomentar una cultura de mejora continua y toma de decisiones basadas en datos. La correcta gestión de procesos posibilita el análisis de métricas, lo que se utiliza para identificar áreas de optimización, eliminar redundancias y mejorar la productividad en general.

Fig. 3. Analizar métricas clave permite tomar decisiones más informadas y mejorar el rendimiento de los procesos

Un aspecto fundamental es la interconectividad entre procesos. No funcionan de manera aislada, sino como un ecosistema donde cada flujo de trabajo influye en otros. Por ejemplo, la eficiencia del proceso de producción impacta directamente en la gestión logística y la atención al cliente. Por ello, una visión holística de los procesos es esencial para garantizar coherencia en toda la operación empresarial.

Además, en un entorno competitivo, la capacidad de ajustar los procesos según cambios regulatorios, avances tecnológicos o nuevas demandas del mercado puede marcar la diferencia entre el crecimiento y el estancamiento.

7. Metodología para modelos funcional de procesos: IDEFO

IDEF0 es una herramienta visual diseñada para describir, analizar y optimizar procesos complejos mediante su división en partes más manejables. Sus principales ventajas incluyen la descomposición jerárquica, que permite segmentar los procesos en funciones más pequeñas para un análisis más claro; la definición precisa de relaciones, estableciendo los elementos de entrada, salida, control y recursos involucrados; y una representación gráfica sencilla que facilita la comprensión para cualquier usuario.

Sin embargo, actualmente existen herramientas más avanzadas y populares para el modelado de procesos empresariales. Estas soluciones incorporan interfaces más intuitivas, funciones de colaboración en tiempo real y mejor integración con tecnologías emergentes como la inteligencia artificial y la automatización.

Entre las principales alternativas se encuentra BPMN (Business Process Model and Notation), el estándar más utilizado, que ofrece una notación gráfica clara para representar flujos de trabajo de manera detallada. Herramientas como Bizagi Modeler y Bonita BPM emplean BPMN para proporcionar soluciones accesibles y eficientes. Otra opción es Process Playground, una plataforma en la nube que combina modelado, análisis estadístico y documentación, destacando por su interfaz intuitiva y su integración con metodologías Lean Six Sigma.

Process Playground es una herramienta moderna e intuitiva que permite modelar, analizar y optimizar procesos empresariales de forma visual y colaborativa.

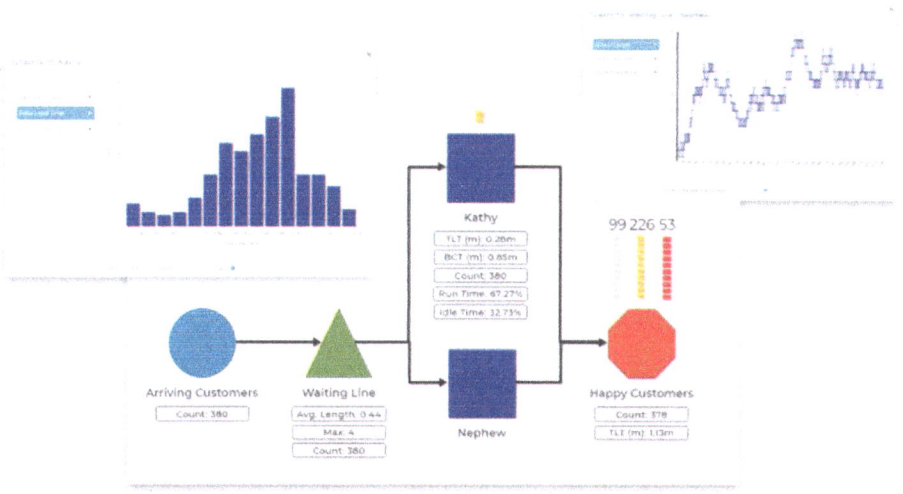

Fig. 4. En Process Playground se pueden crear modelos de atención al cliente (tipo fila de espera, como el de la imagen), en el que se analizan métricas como tiempo total de permanencia, utilización de recursos y niveles de satisfacción

 **Saber más**

Las metodologías Lean Six Sigma son enfoques combinados de mejora continua que buscan aumentar la eficiencia y la calidad en los procesos empresariales. Lean Six Sigma funciona combinando dos enfoques complementarios:

- Lean ayuda a detectar y eliminar todo lo que no aporta valor en un proceso (como tiempos muertos, movimientos innecesarios o exceso de inventario). Su objetivo es hacerlo más ágil y eficiente.
- Six Sigma, por su parte, se basa en datos y estadísticas para reducir errores o defectos. Usa una metodología llamada DMAIC (Definir, Medir, Analizar, Mejorar y Controlar) para resolver problemas complejos de forma estructurada.

También está ClickUp, que permite modelar procesos mediante mapas mentales y pizarras colaborativas, favoreciendo la visualización de flujos de trabajo y la coordinación en tiempo real.

ProcessGPT

Por otro lado, ProMoAI y ProcessGPT utilizan modelos de lenguaje generativo para automatizar la creación y mejora de modelos de procesos a partir de descripciones textuales, eliminando la necesidad de conocimientos especializados.

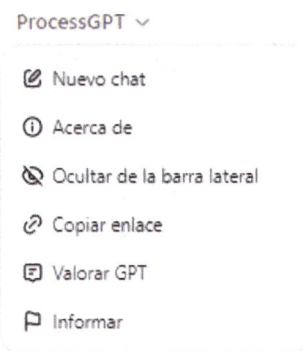

Fig. 5. El menú desplegable de opciones en ProcessGPT permite iniciar un nuevo chat, consultar información, ocultar la herramienta, copiar enlace o enviar valoraciones

Por último, **Microsoft Power Platform** reúne herramientas como Power BI, Power Apps y Power Automate, ofreciendo soluciones integradas para la automatización de flujos de trabajo, la creación de aplicaciones personalizadas y el análisis de datos mediante un enfoque de bajo código, accesible para usuarios con distintos niveles de experiencia técnica.

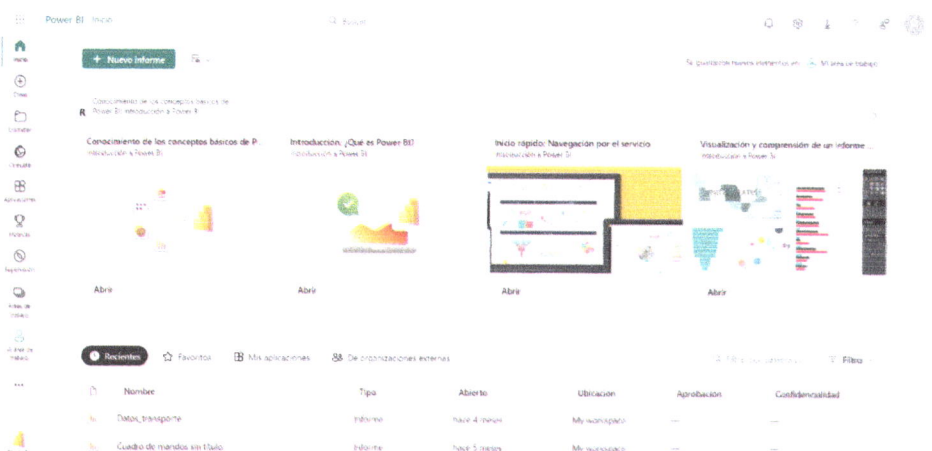

Fig. 6. La pantalla de inicio de Power BI Service tiene accesos directos a tutoriales básicos y una vista de los informes recientes almacenados en el área de trabajo personal del usuario

Es posible crear un *dashboard* interactivo en Power BI que represente cada función o subproceso de un modelo funcional tipo IDEF0, visualizando sus entradas, salidas, controles y recursos mediante herramientas visuales como matrices de relación, gráficos de barras para mostrar el uso de recursos, segmentadores para explorar niveles jerárquicos (como A0, A1, A1.1…) o incluso diagramas de flujo básicos con formas o imágenes.

Por ejemplo, si se analiza un proceso de atención al cliente descompuesto en funciones como recoger datos (A1), validar información (A2), asignar técnicos (A3) y resolver incidencias (A4), Power BI permite mostrar estas funciones en una tabla dinámica donde se reflejen sus entradas, salidas, controles y recursos correspondientes:

Desde la pantalla principal de Power BI (web), haces clic en "+ Nuevo informe":

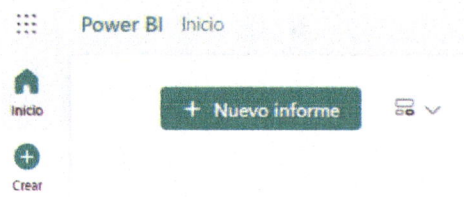

Seleccionas la opción "Pegue o especifique manualmente los datos", lo que te lleva a Power Query:

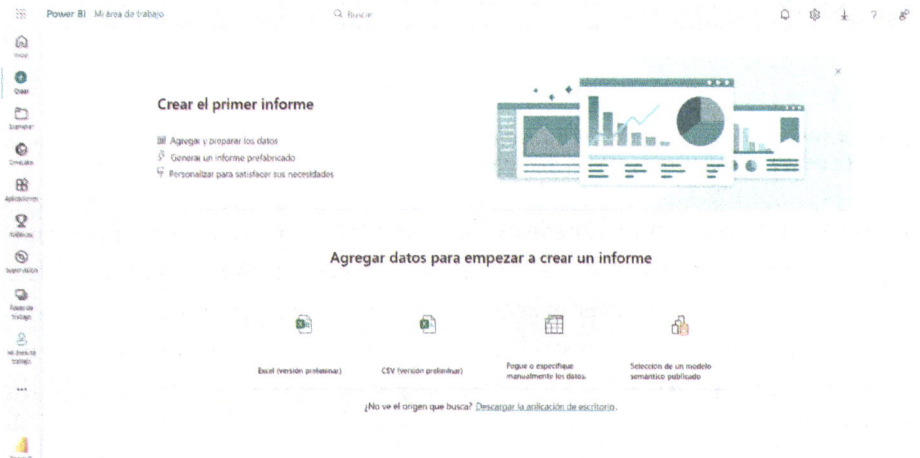

Inicialmente tienes una tabla vacía con solo una columna llamada "Columna 1":

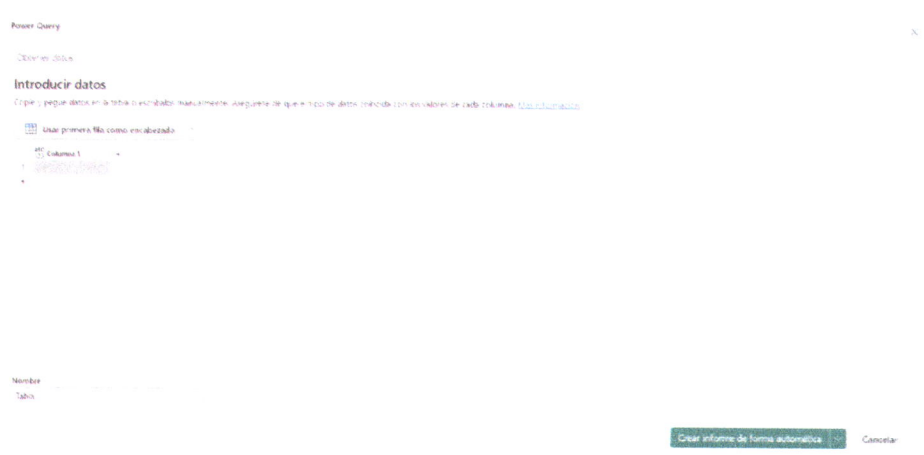

El objetivo es introducir un modelo funcional descompuesto en subprocesos (**A0** a **A3**) con sus respectivos elementos de entrada, salida, control y recursos.

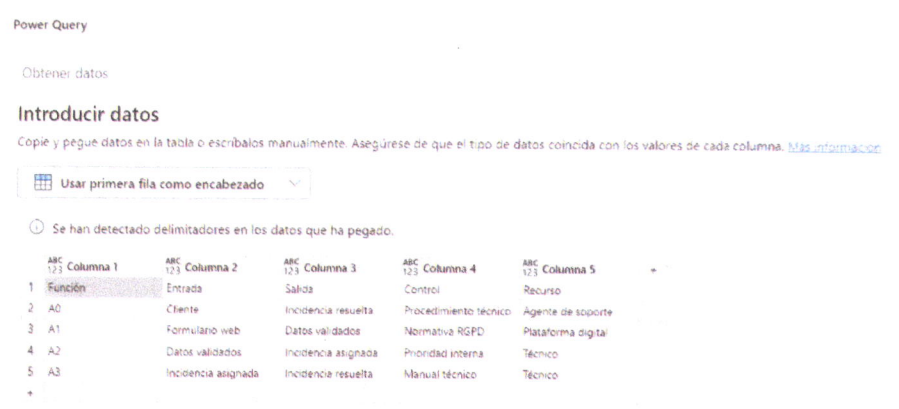

Función,Entrada,Salida,Control,Recurso

A0,Cliente,Incidencia resuelta,Procedimiento técnico,Agente de soporte

A1,Formulario web,Datos validados,Normativa RGPD,Plataforma digital

A2,Datos validados,Incidencia asignada,Prioridad interna,Técnico

A3,Incidencia asignada,Incidencia resuelta,Manual técnico,Técnico

Al pulsar "Crear informe de forma automática", Power BI genera visualizaciones basadas en los datos:

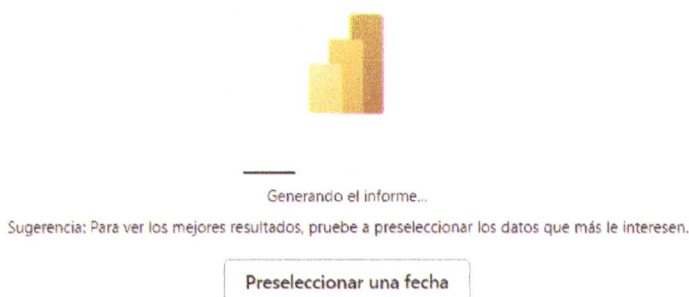

Generando el informe...

Sugerencia: Para ver los mejores resultados, pruebe a preseleccionar los datos que más le interesen.

Preseleccionar una fecha

En el panel se muestran filtros aplicables, como, por ejemplo, los valores de la columna "Salida":

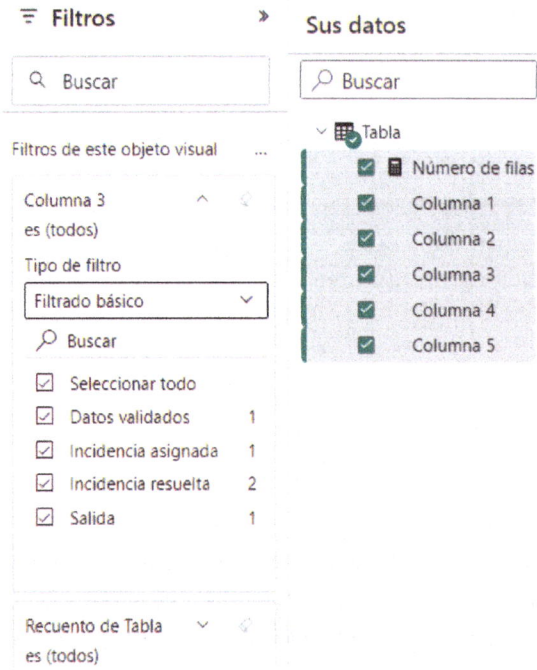

El sistema genera varios gráficos automáticos:

Puedes exportar el informe a Excel, PowerPoint o PDF desde el menú superior:

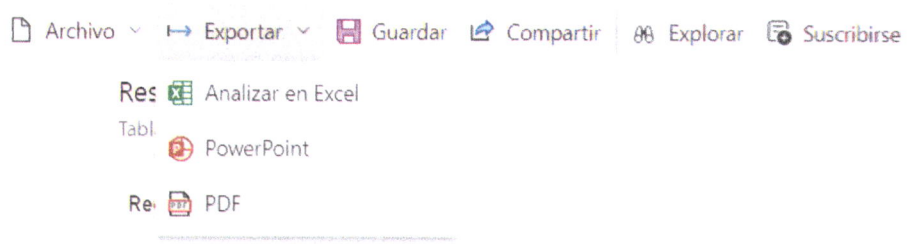

¿Por qué es útil?

- Ayuda a visualizar la estructura funcional del proceso
- Permite medir el rendimiento de cada bloque funcional
- Facilita identificar cuellos de botella o sobrecargas de recursos

8. Herramientas de las TIC para la gestión por procesos

Las Tecnologías de la Información y la Comunicación (TIC) engloban un amplio conjunto de recursos, dispositivos y sistemas digitales que permiten gestionar, compartir y acceder a información de forma rápida y eficiente. Entre ellas se encuentran ordenadores, teléfonos móviles, redes, programas informáticos y servicios en línea, que han cambiado radicalmente la manera en que nos comunicamos, trabajamos o adquirimos conocimientos.

Fig. 7. Las TIC permiten acceder, compartir y procesar información de forma inmediata, transformando la manera en que trabajamos, aprendemos y nos comunicamos

Actualmente, las TIC tienen un papel clave en sectores como la educación, la sanidad, el comercio o la industria, al favorecer procesos más ágiles, automatizados y conectados. Su desarrollo continuo está estrechamente ligado a la transformación digital y a la innovación en todos los ámbitos de la vida cotidiana y profesional.

Además, las TIC han facilitado enormemente la gestión eficiente de procesos, gracias a herramientas específicas como:

- **ERP (Enterprise Resource Planning):** Actúa como el centro de mando de la empresa, integrando en un solo sistema áreas clave como ventas, compras y gestión de inventario, para que todo funcione de manera coordinada.
- **BPM (Business Process Management):** Se encarga de automatizar tareas repetitivas, eliminando pasos manuales innecesarios y asegurando que los flujos de trabajo sean más rápidos y eficientes.

- **CRM (Customer Relationship Management):** Es como una agenda inteligente para la empresa, permitiendo gestionar de manera organizada la relación con los clientes, almacenando datos, historial de interacciones y preferencias.
- **IA y big data:** Son herramientas avanzadas que analizan enormes cantidades de información, ayudando a identificar patrones y mejorar la toma de decisiones con datos precisos y previsiones más acertadas.
- **Herramientas colaborativas (Slack, Microsoft Teams, etc.):** Funcionan como un espacio digital donde los equipos pueden comunicarse en tiempo real, compartir archivos y coordinar proyectos sin necesidad de correos interminables.

Resumen

Los procesos son elementos estructurales que permiten a las organizaciones operar de forma ordenada, eficiente y orientada a resultados. Desde la producción hasta la atención al cliente, todo puede entenderse como un proceso que transforma entradas en valor.

El cambio desde la gestión tradicional —centrada en departamentos aislados— hacia la gestión por procesos permite una visión global de la empresa, mejora la coordinación y facilita la mejora continua. En este marco, surge la figura del propietario del proceso, encargado de su supervisión y mejora.

Metodologías como IDEFO permiten representar gráficamente los procesos y analizarlos en profundidad, mientras que herramientas TIC como los sistemas ERP, los motores BPM o los CRM facilitan la automatización, el control en tiempo real y una toma de decisiones más informada. Esta transformación digital es clave para que las empresas sean más competitivas, resilientes y centradas en el cliente.

U. A. 8. Procesos de negocio

Glosario

BPM (Business Process Management)

Tecnología que permite modelar, automatizar y monitorizar procesos de negocio para mejorar su eficiencia.

CRM (Customer Relationship Management)

Sistema de gestión centrado en las relaciones con los clientes, que permite personalizar la atención y mejorar la fidelización.

ERP (Enterprise Resource Planning)

Sistema informático que integra en una sola plataforma los procesos de todas las áreas de la empresa, como ventas, finanzas o logística.

Estandarización

Acción de definir procedimientos comunes para asegurar que las tareas se realicen siempre con el mismo nivel de calidad y eficiencia.

Gestión por procesos

Modelo organizativo que estructura la empresa según sus procesos clave, promoviendo la colaboración entre áreas y eliminando barreras funcionales.

IDEFO

Metodología gráfica utilizada para modelar y analizar procesos complejos dividiéndolos en funciones interrelacionadas.

Optimización de procesos

Mejora sistemática de los procesos existentes para reducir costes, tiempos o errores y aumentar la calidad del resultado final.

Proceso

Conjunto estructurado de actividades que, al ejecutarse en secuencia, generan un resultado que aporta valor al cliente o a la organización.

Propietario del proceso

Persona responsable de supervisar y optimizar un proceso específico, garantizando su funcionamiento eficaz y alineado con los objetivos de la empresa.

TIC (Tecnologías de la Información y la Comunicación)

Conjunto de herramientas digitales que permiten almacenar, procesar y compartir información para mejorar la gestión empresarial.

Ejercicios de autoevaluación

1. ¿Qué es un proceso en el contexto empresarial?

    a. Una herramienta digital para comunicarse con clientes.

    b. Una técnica para reducir costes en producción.

    c. Una secuencia de tareas que transforma entradas en resultados.

    d. Un método para controlar el horario laboral.

2. ¿Cuál es una ventaja de la gestión por procesos frente a la gestión tradicional?

    a. Aumenta la competencia interna entre departamentos.

    b. Favorece la visión global y la coordinación entre áreas.

    c. Permite a cada departamento trabajar de forma independiente.

    d. Evita el uso de herramientas tecnológicas.

3. ¿Qué función tiene el propietario de un proceso?

    a. Configurar el software de recursos humanos.

    b. Promover campañas de marketing digital.

    c. Liderar, supervisar y mejorar un proceso específico.

    d. Gestionar las redes sociales de la empresa.

4. ¿Cuál de estas afirmaciones es propia de la gestión tradicional?

    a. Se enfoca en la integración entre departamentos.

    b. Promueve la estandarización de todos los procesos.

    c. Organiza la empresa según procesos clave.

    d. Trabaja por áreas funcionales independientes.

5. ¿Qué significa estandarizar un proceso?

    a. Asignar más recursos a cada tarea.

    b. Adaptar el proceso a las necesidades de cada trabajador.

    c. Asegurar que se realice de forma coherente y repetible.

    d. Externalizar el proceso a una empresa externa.

6. ¿Qué herramienta se utiliza para representar visualmente los procesos?

    a. IDEFO.

    b. CRM.

    c. Big Data.

    d. Scrum.

7. ¿Qué sistema permite automatizar tareas repetitivas y optimizar flujos de trabajo?

    a. ERP.

    b. BPM.

    c. IA.

    d. CAD.

8. ¿Qué ventaja principal ofrecen las TIC en la gestión por procesos?

    a. Eliminan por completo la intervención humana.

    b. Sustituyen al personal administrativo.

    c. Permiten mejorar la eficiencia mediante herramientas digitales.

    d. Reemplazan todos los sistemas tradicionales.

9. **¿Qué diferencia clave existe entre gestión de procesos y gestión por procesos?**

   a. La gestión por procesos se centra en software, la otra en personas.
   b. La gestión de procesos mejora funciones aisladas; la gestión por procesos integra toda la organización.
   c. Son sinónimos y se aplican indistintamente.
   d. Solo una de ellas se aplica en empresas tecnológicas.

10. **¿Qué sistema se usa para gestionar y automatizar todos los procesos de la empresa desde una sola plataforma?**

   a. CRM.
   b. BPM.
   c. ERP.
   d. IDEFO.

U. A. 8. Procesos de negocio

U. A. 9. El comercio electrónico

Introducción

La hostelería, como sector medidas proactivas para garantizar un entorno laboral seguro y saludable. Desde la compra de productos físicos hasta la contratación de servicios en línea, pasando por la educación digital, la banca online o la movilidad urbana, el *e-commerce* ha transformado profundamente nuestra forma de consumir y relacionarnos con las marcas. Esta unidad ofrece una visión amplia y estructurada del fenómeno, abarcando desde sus fundamentos y beneficios, hasta sus implicaciones tecnológicas, normativas y estratégicas.

La expansión de internet, el uso masivo de dispositivos móviles y la evolución de herramientas como la inteligencia artificial o los sistemas de pago digitales han permitido que cualquier persona pueda comprar desde cualquier lugar y en cualquier momento. Pero el comercio electrónico no es solo tecnología: detrás de cada tienda online hay estrategias de marketing, decisiones de diseño, obligaciones legales y modelos de negocio en constante evolución. Entender cómo funciona todo ese ecosistema es imprescindible para participar activamente en la economía digital, tanto como consumidor como profesional.

Objetivos

- Comprender qué es el comercio electrónico, cómo funciona y por qué ha transformado el modelo tradicional de compraventa.
- Conocer los elementos estratégicos, tecnológicos y normativos que permiten que una tienda online funcione correctamente.
- Identificar las principales aplicaciones del e-commerce en distintos sectores y su proyección futura en la sociedad digital.

1. Introducción al comercio electrónico

El comercio electrónico, conocido también como e-commerce, ha transformado por completo la forma en que adquirimos y ofrecemos productos y servicios. En el pasado, todas las transacciones comerciales dependían de tiendas físicas, donde el cliente debía desplazarse personalmente para comprar. Sin embargo, con la expansión de internet y la digitalización, este modelo ha cambiado de raíz, permitiendo que tanto empresas como consumidores puedan realizar operaciones comerciales desde cualquier lugar del mundo con solo un dispositivo con conexión.

Este tipo de comercio incluye una gran variedad de actividades, entre ellas:

- **Venta de productos físicos a través de plataformas online**, como Amazon, eBay o tiendas propias de marcas.
- **Servicios digitales**, como las suscripciones a plataformas de música, vídeo o formación online (Netflix, Spotify, plataformas de cursos…).
- **Marketplaces o plataformas de terceros**, que permiten a pequeños vendedores ofrecer sus productos sin necesidad de tener una tienda virtual propia, como sucede en Etsy o Mercado Libre.
- **Pagos digitales y banca online**, que facilitan transacciones rápidas y seguras, eliminando la necesidad del dinero en efectivo.

Fig. 1. El comercio electrónico permite realizar compras desde cualquier lugar y dispositivo, transformando nuestros hábitos de consumo

El auge del comercio electrónico se debe en gran parte a sus beneficios evidentes:

- **Comodidad**: permite comprar desde casa, sin horarios ni desplazamientos.
- **Amplia oferta**: puedes acceder a productos de cualquier parte del mundo.
- **Comparación instantánea**: es posible revisar precios y características en pocos clics.
- **Experiencia personalizada**: muchas plataformas utilizan los datos del usuario para recomendar productos ajustados a sus gustos.

2. Hacia el comercio electrónico

Con el paso del tiempo, el comercio electrónico no solo ha ganado popularidad, sino que también ha ido incorporando nuevas herramientas y enfoques para mejorar la experiencia de compra y fortalecer la relación entre empresas y consumidores. Ya no se trata únicamente de vender por internet, sino de crear una experiencia de usuario fluida, accesible y atractiva.

Entre las principales innovaciones destacan:

- **Uso del móvil como canal de compra principal**: Las compras a través de smartphones ya superan a las realizadas desde ordenadores. Las apps de comercio electrónico han mejorado mucho su rapidez y usabilidad.
- **Pagos seguros e instantáneos**: Plataformas como PayPal, Apple Pay o incluso las criptomonedas han incrementado la seguridad de las transacciones y permiten pagos en segundos.
- **Inteligencia artificial aplicada al consumo**: Mediante algoritmos y análisis de datos, las tiendas online pueden ofrecer recomendaciones personalizadas en función del historial y comportamiento del usuario.
- **Logística avanzada y entregas exprés**: Empresas como Amazon han optimizado tanto su cadena logística que pueden entregar productos en el mismo día, o incluso en cuestión de horas.

- **Comercio social (social commerce)**: Hoy en día, se puede comprar directamente desde publicaciones en redes sociales como Instagram o TikTok, lo que hace que el proceso de compra sea más visual, directo y participativo.

De cara al futuro, el e-commerce seguirá transformándose con tecnologías emergentes como la realidad aumentada, los sistemas automatizados, o los asistentes virtuales, que facilitarán aún más la toma de decisiones de los consumidores.

Anotación

Para las empresas, mantenerse al día en esta evolución no es una opción, sino una necesidad si quieren seguir siendo relevantes en un mercado digital que cambia constantemente.

3. El plan de Marketing en el comercio electrónico

Hablar de comercio electrónico no implica simplemente tener una tienda online y esperar a que lleguen los compradores. Para que un negocio digital tenga éxito, necesita contar con un plan de marketing bien definido, que permita atraer visitas, convertirlas en ventas y construir una relación duradera con los clientes.

Fig. 2. Un buen plan de marketing digital guía cada paso, desde atraer al cliente hasta fidelizarlo en la tienda online

Se trata de un conjunto de acciones estratégicas pensadas para dar visibilidad a la tienda online, impulsar las ventas y fidelizar al público objetivo. Es, en esencia, una hoja de ruta que orienta cada decisión comercial, asegurando un uso eficiente de los recursos y aprovechando al máximo las oportunidades del entorno digital.

Para desarrollarlo, conviene responder a algunas preguntas clave:

- ¿A qué tipo de clientes nos dirigimos? (definir el perfil del público).
- ¿Qué vendemos y qué valor diferencial ofrecemos?
- ¿Dónde y de qué forma nos van a encontrar nuestros potenciales compradores?
- ¿Cómo podemos hacer que el proceso de compra sea rápido, sencillo y satisfactorio?

Para que el plan sea realmente efectivo, debe contemplar varias estrategias interconectadas. Entre ellas, destacan las siguientes:

- **Identidad de marca y posicionamiento**. Antes de poner el producto en el mercado, es fundamental decidir cómo queremos que el público perciba nuestra marca: ¿somos una opción económica?, ¿una propuesta premium?, ¿una tienda especializada? Esta definición afectará al estilo de comunicación, el diseño del sitio web y el tono de los mensajes publicitarios.

- **SEO o posicionamiento orgánico**. Si una tienda no aparece en los primeros resultados de Google, es poco probable que reciba visitas. El SEO se encarga de mejorar esa visibilidad a través del uso estratégico de palabras clave, contenidos relevantes y una correcta estructura técnica, con el fin de captar tráfico sin necesidad de pagar anuncios.

- **Publicidad online: SEM y redes sociales**. Las campañas de pago en Google, Instagram o Facebook permiten llegar a audiencias concretas en muy poco tiempo. Gracias a la segmentación avanzada, es posible mostrar anuncios solo a quienes cumplen ciertos criterios (ubicación, intereses, historial de compra...), maximizando el retorno de la inversión.

- **Marketing de contenidos y redes sociales**. Crear contenidos valiosos (como artículos, tutoriales o publicaciones en redes) ayuda a conectar con el público, mejorar el posicionamiento y generar confianza. Una tienda de cosmética, por ejemplo, puede compartir rutinas de cuidado facial o comparativas entre productos para atraer a su comunidad.

- **Email marketing y fidelización**. El correo electrónico sigue siendo una herramienta muy potente para mantener el contacto con los clientes. Mediante *newsletters* o campañas personalizadas, se pueden enviar promociones exclusivas, novedades o recordatorios de productos que el cliente ha visitado, pero no compró.

- **Atención al cliente y experiencia de navegación**. Una interfaz confusa, lenta o poco intuitiva puede arruinar una venta. Por eso, es clave ofrecer una web optimizada, con procesos de compra claros, buena velocidad de carga y múltiples canales de contacto, como chat en vivo, WhatsApp o redes sociales.

- **Métodos de pago y logística**. El proceso de entrega y las opciones de pago influyen directamente en la decisión de compra. Contar con métodos de pago variados y seguros, y ofrecer envíos rápidos, con seguimiento y tarifas claras, reduce los abandonos en el carrito y mejora la satisfacción general.

Para evaluar el impacto de las estrategias aplicadas, es necesario analizar indicadores clave como:

- Número de visitas a la web.
- Porcentaje de conversión (cuántos visitantes compran realmente).
- Valor medio por pedido.
- Nivel de interacción en redes sociales.
- Tasa de apertura y respuesta en campañas de email.

Si los resultados no alcanzan los objetivos previstos, será necesario ajustar las acciones y probar nuevas combinaciones, basándose siempre en los datos obtenidos.

4. Aspectos tecnológicos del comercio electrónico

El comercio electrónico no podría desarrollarse sin el respaldo de la tecnología, ya que depende por completo de infraestructuras digitales. Desde las plataformas de venta hasta los sistemas de pago y las medidas de seguridad, todas las operaciones online requieren herramientas tecnológicas que garanticen su funcionamiento.

Fig. 3. El comercio electrónico se apoya en plataformas seguras, sistemas de pago digitales y tecnologías inteligentes

Entre las tecnologías más importantes destacan las plataformas de comercio electrónico, que son los sitios web o aplicaciones donde se llevan a cabo las transacciones. Soluciones como Shopify, WooCommerce, Magento o PrestaShop permiten crear y gestionar tiendas virtuales de forma sencilla y profesional.

Las siguientes imágenes muestran el proceso de creación de una tienda online en Shopify, desde el registro inicial hasta la configuración básica del panel de administración. A continuación, se describe paso a paso este recorrido visual:

1. Registro y acceso gratuito

Se inicia en la página principal de Shopify, donde se ofrece una prueba gratuita de 3 días y una promoción de 3 meses a 1€ al mes (imagen 1). Tras introducir el correo electrónico, se comienza el proceso de configuración de la tienda.

2. Configuración inicial de la tienda

El sistema guía al usuario por varias preguntas para personalizar la tienda según sus necesidades:

- Dónde se venderán los productos: se puede elegir entre tienda online, redes sociales, *marketplaces*, tienda física, etc. En este caso, se selecciona "Una tienda online".

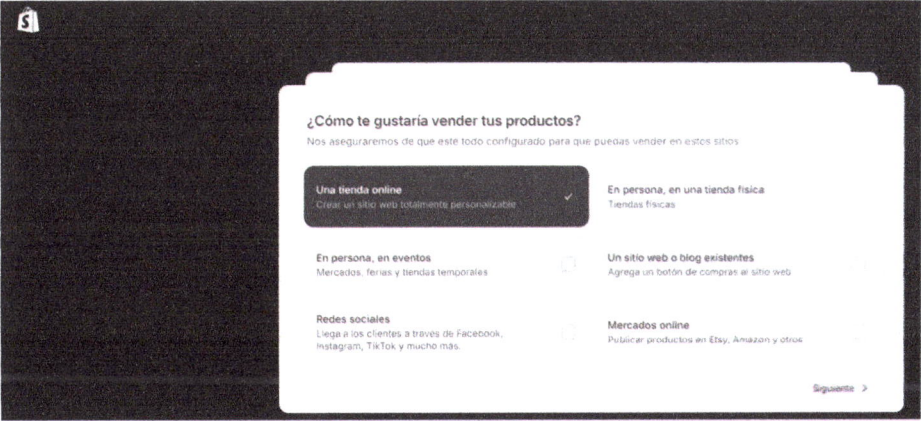

- Tipo de negocio: se indica si es una empresa nueva o ya existente. Aquí se elige "Empresa o idea nueva".

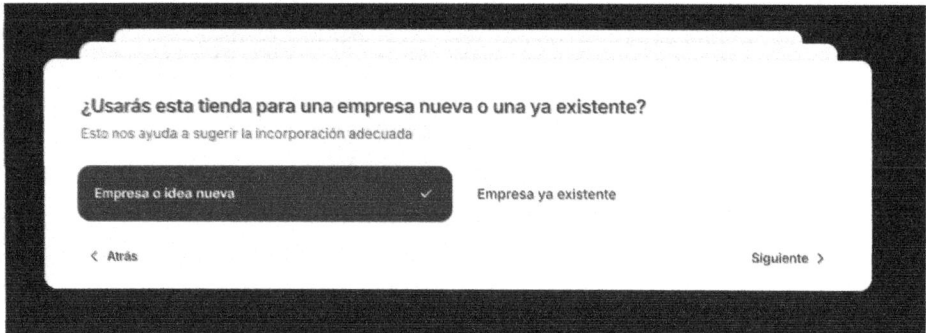

- Qué tipo de productos se venderán (imagen 4): se puede optar por productos físicos, digitales, servicios, *dropshipping*, *print on demand* o decidir más adelante. En este caso se elige "Productos de *dropshipping*".

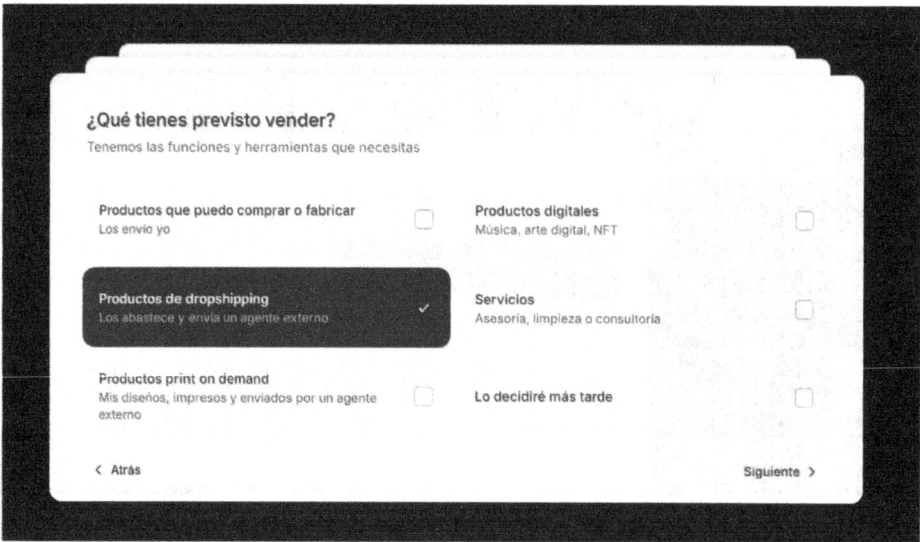

3. Creación de la cuenta

Se ofrecen varias opciones de registro: correo electrónico, Google, Apple o Facebook (imagen 5). Una vez creada la cuenta, se accede al panel de control de Shopify.

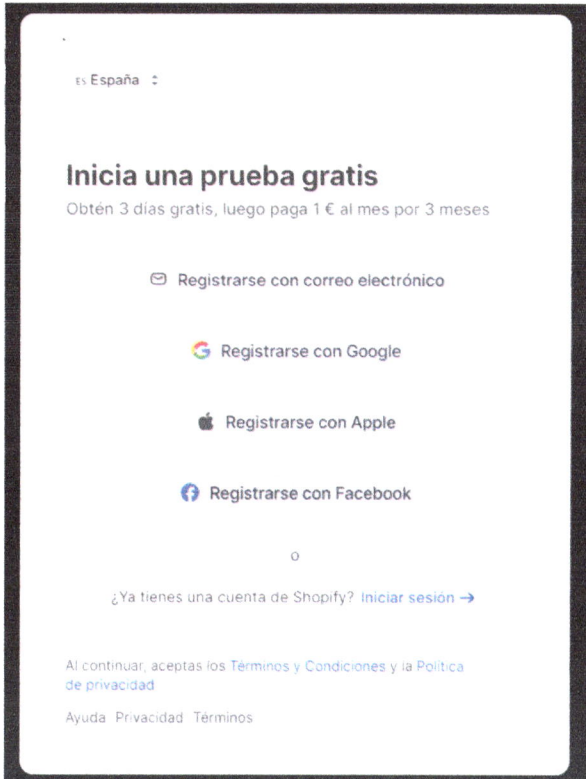

4. Panel de administración: guía de primeros pasos

Una vez dentro del panel, se presenta una guía para poner en marcha la tienda. Incluye tareas como:

- Explorar aplicaciones para encontrar productos de *dropshipping*.
- Personalizar la tienda online.
- Configurar el dominio.

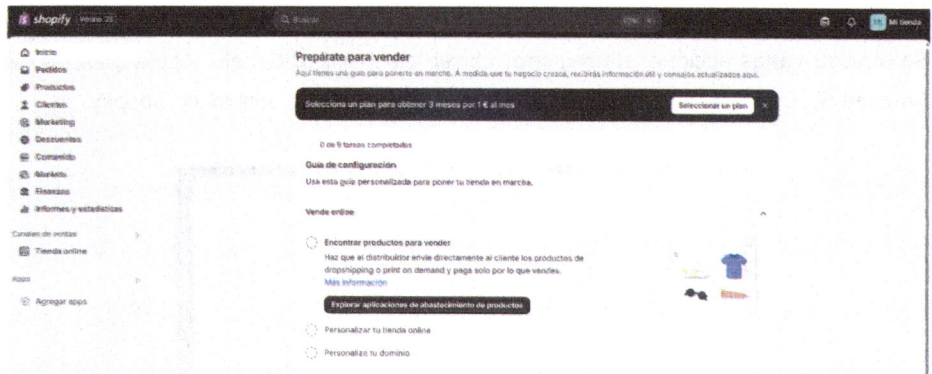

5. Personalización del diseño

En la sección de "Tienda online > Temas", se puede seleccionar el diseño de la tienda. Por defecto aparece un tema de ejemplo ("Horizon"), que se puede personalizar visual y funcionalmente. La tienda está protegida con contraseña hasta que se active un plan.

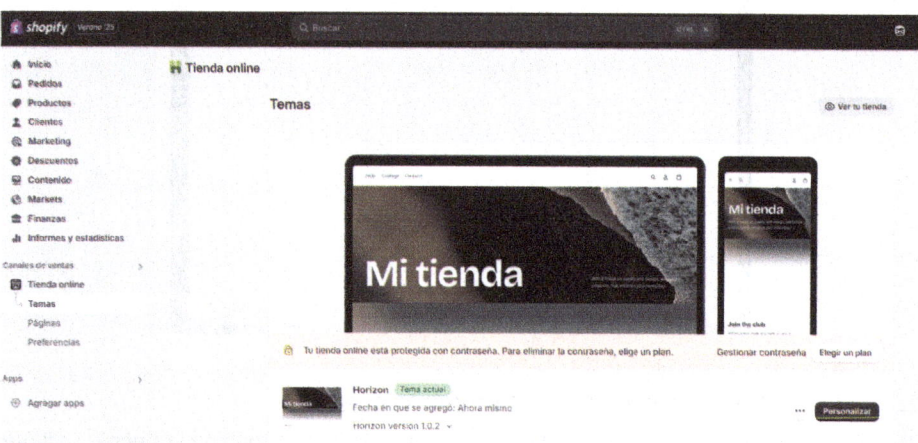

Shopify simplifica el lanzamiento de negocios digitales, especialmente en *dropshipping*, ofreciendo plantillas, herramientas de marketing y conexión con proveedores desde un único panel.

Otro pilar son los sistemas de pago digitales, que permiten realizar transacciones de manera segura y rápida. Plataformas como PayPal, Stripe, Apple Pay, Google Pay o incluso criptomonedas permiten a los clientes pagar desde cualquier parte del mundo con confianza y sin complicaciones.

La ciberseguridad es otro componente esencial. Como las compras online implican el tratamiento de datos personales y financieros, se utilizan tecnologías como el cifrado de información, la autenticación en dos pasos y los certificados SSL para proteger a los usuarios de fraudes y ataques informáticos.

También es clave la tecnología aplicada a la gestión logística, que permite optimizar los envíos mediante sistemas de rastreo en tiempo real, almacenes inteligentes y, en algunos casos, el uso de drones para reparto, reduciendo costes y acelerando los tiempos de entrega.

 **Saber más**

La inteligencia artificial ha revolucionado la experiencia del cliente. Gracias a ella, se pueden recomendar productos de forma personalizada, automatizar la atención mediante *chatbots* y anticipar comportamientos de compra. A esto se suma el uso del big data, que permite a las empresas analizar grandes volúmenes de datos para comprender mejor a sus clientes, ajustar precios, mejorar campañas y predecir tendencias de consumo.

5. Aspectos normativos del comercio electrónico

El entorno digital no escapa a la normativa legal. Para que el comercio electrónico sea seguro y justo, debe cumplir con una serie de regulaciones diseñadas para proteger a los consumidores y asegurar que las empresas operen dentro del marco legal.

Una de las principales normativas es la protección de datos personales, especialmente relevante en la Unión Europea gracias al Reglamento General de Protección de Datos (RGPD), que regula cómo deben tratarse los datos de los usuarios y garantiza el respeto a su privacidad.

También existe legislación específica sobre pagos electrónicos, que establece mecanismos para asegurar las transacciones y proteger a los compradores frente a posibles fraudes o errores en las compras online.

Otro aspecto clave es la regulación sobre publicidad digital, que exige transparencia en los precios, condiciones de venta y promociones. Las empresas deben evitar mensajes engañosos o poco claros, y ofrecer siempre información veraz.

Fig. 4. Cumplir con estas normativas también contribuye a generar confianza en los clientes

Los derechos del consumidor también están protegidos por ley. En la mayoría de los países, los compradores tienen derecho a la devolución de productos, garantías y atención postventa, por lo que las tiendas online están obligadas a proporcionar políticas claras y accesibles.

Por último, las empresas deben respetar la normativa relativa a impuestos y fiscalidad, ya que las ventas online también están sujetas a obligaciones tributarias en función del país o región donde se realicen las operaciones.

 **Saber más**

Normativas específicas del comercio electrónico en España:

1. Ley 34/2002, de 11 de julio, de Servicios de la Sociedad de la Información y del Comercio Electrónico (LSSI-CE):
    *   Regula las actividades económicas realizadas por medios electrónicos.
    *   Obliga a identificar claramente al prestador del servicio en la web.
    *   Establece requisitos sobre comunicaciones comerciales (email marketing, cookies, publicidad).
    *   Requiere información clara previa a la contratación online y mecanismos para confirmar la recepción del pedido.
    *   Impone responsabilidades en caso de contenidos ilícitos en sitios web.

2. Real Decreto Legislativo 1/2007, de 16 de noviembre (Texto Refundido de la Ley General para la Defensa de los Consumidores y Usuarios):
    *   Aplica a las ventas a distancia, como las realizadas a través de internet.
    *   Reconoce el derecho de desistimiento de 14 días naturales sin necesidad de justificación.
    *   Regula las garantías, la información previa al contrato y los procedimientos de reclamación.
    *   Establece el deber de entregar un justificante de compra y factura, incluso en soporte electrónico.

3. Ley 56/2007, de Medidas de Impulso de la Sociedad de la Información:
    *   Obliga a algunas empresas a emitir facturas electrónicas si así lo solicita el cliente.
    *   Introduce medidas para fomentar la digitalización y el uso de medios electrónicos en la contratación.

Normativas sobre protección de datos:

4. Reglamento (UE) 2016/679 del Parlamento Europeo y del Consejo (RGPD o GDPR):
    *   Aunque es europeo, es de aplicación directa en España desde 2018.
    *   Regula cómo se deben recopilar, almacenar y tratar los datos personales de los usuarios.
    *   Exige el consentimiento explícito, el derecho al olvido y medidas de seguridad adecuadas.
    *   Obliga a informar sobre el uso de cookies, finalidades y responsables del tratamiento.

5. Ley Orgánica 3/2018, de Protección de Datos Personales y garantía de los derechos digitales (LOPDGDD):
    *   Complementa al RGPD adaptándolo al contexto español.
    *   Establece principios adicionales sobre educación digital, derechos laborales digitales y protección de menores en internet.
    *   Incluye artículos específicos sobre la videovigilancia, el derecho a la desconexión digital y el uso legítimo de datos en el entorno laboral.

Normativas sobre pagos y transacciones digitales:

6. Ley 16/2009, de Servicios de Pago:
   * Transposición de la Directiva PSD1 (actualmente sustituida por la PSD2).
   * Regula los servicios de pago como transferencias, domiciliaciones o pagos con tarjeta.

7. Real Decreto-ley 19/2018, de servicios de pago y otras medidas urgentes en materia financiera
   * Transpone la Directiva Europea PSD2 en España.
   * Refuerza la autenticación reforzada del cliente (SCA) en pagos electrónicos.
   * Obliga a las entidades a facilitar el acceso de terceros (como apps bancarias) mediante APIs seguras.

Normativas sobre firma electrónica y facturación digital:

8. Ley 6/2020, de Servicios Electrónicos de Confianza
   * Deroga la antigua Ley 59/2003 de firma electrónica.
   * Adapta al reglamento europeo eIDAS y regula los servicios de firma electrónica, sellos electrónicos, certificados digitales y sellado de tiempo en España.
   * Reconoce como válidas las firmas electrónicas cualificadas en toda la UE.

9. Reglamento (UE) Nº 910/2014 (Reglamento eIDAS)
   * Aunque es europeo, obliga a los Estados miembros a aceptar firmas electrónicas cualificadas de otros países de la UE.
   * Regula la validez legal de la firma electrónica, los certificados cualificados y la identificación electrónica en las transacciones digitales.

6. Aplicaciones del comercio electrónico

El comercio electrónico va mucho más allá de las tiendas online tradicionales. Su impacto se extiende a numerosos sectores, transformando profundamente la forma en que compramos, accedemos a servicios o incluso nos desplazamos.

En el ámbito del *retail*, empresas como Amazon, eBay o Mercado Libre permiten a los usuarios adquirir productos sin necesidad de visitar una tienda física, cambiando por completo la experiencia de compra.

Fig. 5. El e-commerce está presente en sectores tan diversos como la educación, la restauración, el entretenimiento o la banca

En el campo de la educación digital, plataformas como Udemy, Coursera o Domestika ofrecen formación online accesible desde cualquier lugar, con pago digital y sin horarios fijos, democratizando el acceso al conocimiento.

El entretenimiento digital también ha evolucionado gracias al e-commerce. Servicios como Netflix, Spotify o videojuegos online permiten pagar por contenidos que se consumen directamente en formato digital, sin necesidad de adquirir un producto físico. Otra aplicación destacada es la entrega de alimentos a domicilio. Aplicaciones como Uber Eats, Glovo o Rappi han modernizado el sector de la restauración, facilitando que los clientes pidan comida desde sus móviles y reciban sus pedidos en minutos.

En el sector financiero, el comercio electrónico ha impulsado el crecimiento de la banca digital, permitiendo realizar pagos, transferencias o gestionar cuentas sin necesidad de acudir a una oficina física.

Por último, plataformas como Uber, Cabify o BlaBlaCar han integrado el e-commerce en el transporte y la movilidad, permitiendo a los usuarios pagar sus viajes directamente desde una app.

Resumen

El sector de la hostelería, al igual que otros ámbitos laborales, requiere una atención

El comercio electrónico es la forma digital de intercambiar bienes y servicios a través de internet. Permite realizar compras o contrataciones desde cualquier lugar y en cualquier momento, facilitando una experiencia más cómoda, personalizada y eficiente. Existen diferentes modelos de e-commerce que abarcan desde tiendas propias hasta marketplaces, así como servicios digitales, suscripciones o banca online. Su crecimiento se ha visto impulsado por avances tecnológicos como los pagos electrónicos, la inteligencia artificial aplicada a las recomendaciones, el uso del móvil como canal de compra o la logística optimizada con envíos exprés.

Tener una tienda online implica mucho más que vender por internet: requiere un plan de marketing estratégico, acciones para atraer tráfico, mejorar la conversión y fidelizar clientes. Además, el comercio electrónico se apoya en plataformas seguras, sistemas de pago eficientes y herramientas de análisis que permiten tomar decisiones basadas en datos. Todo esto debe desarrollarse cumpliendo con normativas que protegen a los usuarios y regulan aspectos como la privacidad, los pagos o las garantías. Hoy en día, el e-commerce transforma el comercio minorista, la educación, el entretenimiento, la movilidad, la restauración y los servicios financieros, demostrando su alcance transversal en la economía y la sociedad digital.

U. A. 9. El comercio electrónico

Glosario

Big data

Gestión y análisis de grandes volúmenes de datos que permiten conocer mejor al cliente y anticipar comportamientos.

Ciberseguridad

Medidas tecnológicas y organizativas para proteger los datos, transacciones e infraestructuras digitales frente a ataques o fraudes.

Comercio electrónico (e-commerce)

Forma de comprar y vender productos o servicios utilizando internet como medio principal.

Comercio social

Venta de productos o servicios directamente desde plataformas de redes sociales como Instagram, Facebook o TikTok.

Conversión

Acción deseada que realiza un usuario en una tienda online, como hacer una compra, suscribirse o rellenar un formulario.

Fidelización

Estrategias enfocadas en mantener y fortalecer la relación con los clientes para que repitan compras y recomienden la marca.

Identidad de marca

Imagen, valores y estilo con los que una empresa se presenta al público y se diferencia en el mercado.

Inteligencia Artificial

Tecnología que permite a sistemas informáticos aprender, analizar patrones y tomar decisiones automáticas o predictivas.

Logística avanzada

Conjunto de tecnologías y procesos que permiten gestionar inventarios, envíos y devoluciones de forma rápida, eficiente y rastreable.

Marketplace

Plataforma digital que agrupa a múltiples vendedores y compradores en un mismo entorno online, permitiendo gestionar pagos, envíos y visibilidad.

Pasarela de pago

Sistema que permite procesar pagos digitales de forma segura, como PayPal, Stripe o Apple Pay.

RGPD

Reglamento General de Protección de Datos, norma europea que regula el tratamiento de datos personales en servicios digitales.

SEM (Search Engine Marketing)

Campañas de publicidad pagada en buscadores, que permiten aparecer en posiciones destacadas.

SEO (Search Engine Optimization)

Conjunto de técnicas para mejorar la visibilidad de una web en los resultados orgánicos de buscadores como Google.

Tienda online

Sitio web o aplicación desde donde una empresa o particular ofrece directamente sus productos o servicios.

Ejercicios de autoevaluación

1. ¿Cuál es una ventaja destacada del comercio electrónico frente al comercio tradicional?

    a. Permite comprar desde cualquier lugar y en cualquier momento.

    b. Necesita siempre presencia física del comprador.

    c. Tiene horarios de apertura limitados.

    d. Excluye el uso de dispositivos móviles.

2. ¿Qué plataforma se considera un marketplace?

    a. Shopify.

    b. WordPress.

    c. Amazon.

    d. Magento.

3. ¿Qué tecnología permite ofrecer recomendaciones personalizadas en una tienda online?

    a. Correo electrónico.

    b. HTML.

    c. Cifrado SSL.

    d. Inteligencia Artificial.

4. ¿Qué acción se considera una conversión en comercio electrónico?

    a. Completar una compra.

    b. Recibir una visita sin interacción.

    c. Crear un anuncio.

    d. Actualizar el inventario.

5. ¿Cuál es uno de los principales objetivos de un plan de marketing digital en e-commerce?

    a. Evitar el uso de redes sociales.

    b. Atraer visitas y convertirlas en ventas.

    c. Reducir el número de visitantes.

    d. Centrarse solo en publicidad tradicional.

6. ¿Qué función cumple una pasarela de pago?

    a. Procesa pagos de forma segura.

    b. Protege el contenido en redes sociales.

    c. Mejora el diseño del sitio web.

    d. Gestiona el stock del almacén.

7. ¿Qué normativa europea regula la protección de datos en el comercio electrónico?

    a. Reglamento general de protección de datos (RGPD).

    b. Ley de propiedad intelectual.

    c. Ley orgánica de educación.

    d. Código de comercio digital.

8. ¿Cuál de las siguientes tecnologías se usa para proteger los datos de los usuarios en una tienda online?

    a. Realidad aumentada.

    b. Big data.

    c. Cifrado SSL.

    d. Cookies publicitarias.

9. **¿Qué sector ha sido transformado por el comercio electrónico mediante plataformas como Coursera o Domestika?**

   a. Educación.

   b. Construcción.

   c. Agricultura.

   d. Sanidad.

10. **¿Cómo se denomina la compra directa a través de redes sociales como Instagram o TikTok?**

    a. Comercio logístico.

    b. Comercio automático.

    c. Comercio tradicional.

    d. Comercio social.

U. A. 9. El comercio electrónico

U. A. 10. El telemarketing

Introducción

El telemarketing ha evolucionado de forma notable en los últimos años gracias al uso de las tecnologías digitales. Ya no se limita a llamadas frías sin contexto; hoy forma parte de una estrategia integral en la que se combinan datos, segmentación y herramientas online para comunicarse con los clientes de forma más eficaz y personalizada.

Internet ha ampliado las posibilidades del telemarketing, tanto para captar clientes como para fidelizarlos, optimizar la distribución y mejorar la comunicación comercial.

Objetivos

- Comprender cómo Internet ha transformado el telemarketing y las formas de relación entre empresa y cliente.
- Analizar las estrategias digitales que permiten captar clientes, segmentar audiencias y gestionar productos de forma más eficiente.

1. Internet en el mundo de los negocios

La llegada de Internet ha transformado profundamente la forma en que las empresas funcionan. Ha facilitado una comunicación inmediata con cualquier parte del mundo, ha abierto la puerta a nuevas formas de comprar y vender sin limitaciones geográficas, y ha hecho posible que los negocios conozcan mejor a sus clientes para dirigirse a ellos de forma más precisa.

Entre los beneficios más destacados del uso de Internet en las empresas se encuentra la posibilidad de ampliar el alcance de sus productos o servicios a nivel global, sin necesidad de estar físicamente presentes en otros mercados. Las herramientas digitales permiten además mantener un contacto ágil y constante con proveedores, colaboradores o clientes mediante correo electrónico, mensajería instantánea o videollamadas.

En el ámbito publicitario, Internet ofrece una enorme ventaja: permite mostrar anuncios solo a quienes realmente pueden estar interesados, lo que hace que las campañas sean más efectivas y menos costosas que los medios tradicionales.

Fig. 1. Las plataformas de venta online integran sistemas de pago seguros y soluciones logísticas eficientes

2. La segmentación del mercado en Internet

Segmentar el mercado significa dividir al público en grupos más pequeños con características similares, para ofrecerles mensajes y productos ajustados a sus necesidades. Con el uso de Internet, esta segmentación se ha perfeccionado enormemente, ya que las plataformas digitales recogen una gran cantidad de datos sobre cada usuario.

Actualmente, las empresas pueden segmentar a su audiencia de muchas formas. Una de las más comunes es la segmentación demográfica, que clasifica a las personas según aspectos como la edad, el género o el nivel económico. También está la segmentación geográfica, que adapta las campañas a la ubicación del usuario, ideal para negocios locales como restaurantes o servicios de proximidad.

Otra opción es segmentar por intereses y comportamiento, teniendo en cuenta qué busca el usuario, qué páginas visita o qué productos ha comprado anteriormente. Del mismo modo, se puede distinguir entre quienes navegan desde un móvil, un ordenador o una tablet, y así mostrarles contenido optimizado según el dispositivo.

Por último, la segmentación psicográfica profundiza en los valores, estilo de vida y personalidad del consumidor, siendo útil para marcas que se dirigen a públicos con ideas o hábitos muy definidos, como quienes priorizan lo ecológico o lo artesanal.

Anotación

Gracias a la tecnología, hoy las empresas pueden crear estrategias publicitarias más personalizadas y eficaces. Herramientas como el análisis de datos masivos (big data) o la inteligencia artificial hacen posible ajustar las campañas a cada tipo de cliente con una precisión que antes era impensable.

3. Cómo captar clientes a través de la red.

La captación de clientes ha vivido una auténtica transformación con la llegada de Internet. Las estrategias tradicionales —como los anuncios en medios impresos, la publicidad exterior o las llamadas frías— han dado paso a métodos digitales mucho más eficaces, segmentados y accesibles para empresas de todos los tamaños. Hoy, los negocios pueden llegar exactamente a las personas que están interesadas en sus productos o servicios, sin necesidad de invertir grandes sumas ni depender de intermediarios.

Entre las estrategias más efectivas para atraer clientes en la red está el marketing de contenidos, que consiste en ofrecer información útil y atractiva —a través de blogs, vídeos, infografías o podcasts— para generar interés y posicionarse como referente en su sector. A esto se suma la publicidad digital, que permite mostrar anuncios directamente a los usuarios que han buscado productos similares o tienen perfiles compatibles, mediante herramientas como Google Ads o campañas en redes sociales.

Otra técnica fundamental es el SEO, que ayuda a que una página web aparezca entre los primeros resultados en buscadores como Google, lo que incrementa de forma orgánica la visibilidad de la empresa. El email marketing también sigue siendo un canal muy rentable para mantener el contacto con potenciales clientes mediante boletines, promociones personalizadas o recordatorios.

Fig. 2. El email marketing permite enviar correos segmentados a usuarios que han mostrado interés previo, aumentando así la conversión y la retención de clientes

Las redes sociales cumplen un papel doble: por un lado, dan visibilidad; por otro, permiten un contacto directo y humano con la comunidad. Además, modelos como el marketing de afiliación, donde influencers o creadores recomiendan productos a su audiencia, generan confianza y amplían el alcance. Por último, tecnologías como los chatbots y los asistentes virtuales permiten resolver dudas en tiempo real, guiar al usuario en la compra y mejorar la experiencia en el sitio web.

 Anotación

Lo esencial no es solo atraer visitas, sino aportar valor real, resolver necesidades y establecer una relación de confianza que motive al cliente a elegir esa marca y volver en el futuro.

4. La comunicación en Internet

La forma de comunicarse entre empresas y clientes ha evolucionado notablemente en los últimos años. La tecnología ha hecho que el intercambio de información sea inmediato, más personalizado y disponible en múltiples formatos y plataformas. Esta inmediatez ha cambiado también las expectativas de los consumidores, que ahora esperan respuestas rápidas, cercanas y útiles.

El correo electrónico continúa siendo una herramienta esencial para resolver dudas, confirmar compras o enviar novedades y promociones. A su lado, las redes sociales se han convertido en un canal clave para interactuar con el público: permiten responder preguntas, recibir sugerencias, agradecer comentarios o incluso resolver quejas públicamente, generando una imagen transparente y accesible.

Los chats en vivo, integrados en muchas páginas web o a través de aplicaciones como WhatsApp o Messenger, ofrecen respuestas instantáneas que mejoran la atención al cliente y reducen los tiempos de espera. Para sectores que requieren trato más personalizado —como educación, consultoría o ventas técnicas—, las videollamadas permiten mantener un contacto directo, visual y cercano.

También existen espacios de comunicación comunitaria, como los foros o comunidades online, donde los usuarios intercambian experiencias y dudas entre sí. Este tipo de participación crea una red de apoyo entre clientes y refuerza el vínculo con la marca.

Fig. 3. Fomentar espacios donde los clientes se ayudan entre sí reduce la carga del soporte técnico

Para que la comunicación digital sea efectiva, debe cumplir con varios principios: ser rápida (el usuario espera inmediatez), personalizada (adaptada a la persona que consulta), transparente (clara, sin letra pequeña ni rodeos) y bidireccional (no solo transmitir, sino también escuchar y responder).

5. Internet como canal de distribución

La distribución de productos y servicios ha evolucionado radicalmente gracias a Internet. Si antes las empresas dependían de puntos de venta físicos, distribuidores o comerciales que iban puerta a puerta, ahora pueden llegar al consumidor final de forma directa, rápida y sin intermediarios. El entorno digital ha creado un canal de distribución global que funciona las 24 horas y desde cualquier lugar con conexión.

Una de las principales ventajas de este canal es su alcance mundial: una pequeña empresa puede vender en otros países sin necesidad de tener presencia física. Además, los costes operativos se reducen considerablemente, al eliminar gastos de alquiler, mantenimiento o personal de tienda. Para el cliente, la comodidad también es clave, ya que puede comprar desde casa, a cualquier hora, y recibir el producto en pocos días.

Otra ventaja es la personalización: las tiendas online pueden adaptar sus recomendaciones a cada usuario según su historial de navegación o compras anteriores. Todo esto se complementa con la automatización de procesos, que permite gestionar pedidos, pagos y envíos sin intervención humana, optimizando tiempos y recursos.

Los canales de distribución digital más utilizados hoy en día son las tiendas online propias, donde las marcas gestionan directamente su e-commerce (como Apple o Nike); los *marketplaces* como Amazon, que agrupan a miles de vendedores; las redes sociales, que integran opciones de venta directa a través de publicaciones; y el modelo de *dropshipping*, donde la tienda solo se encarga de vender, mientras que el proveedor envía el producto directamente al cliente.

6. Cartera de productos

La cartera de productos representa el conjunto de bienes y servicios que una empresa pone a disposición del mercado. Conocerla en profundidad es esencial para tomar decisiones estratégicas, diseñar campañas de venta efectivas y, especialmente, para personalizar la oferta en función de las necesidades de cada cliente. En el ámbito digital o el telemarketing, esta información permite identificar qué producto ofrecer, a quién, y en qué momento.

Fig. 4. Gestionar adecuadamente la cartera de productos ayuda a fidelizar a los clientes y responder mejor a las demandas del mercado

Un aspecto fundamental es la variedad, es decir, contar con diferentes tipos de productos que cubran múltiples necesidades. Por ejemplo, una tienda de tecnología puede vender móviles, ordenadores y accesorios, ampliando su mercado potencial. La diferenciación también es clave: cada producto debe aportar algo único que lo distinga de la competencia, como una función exclusiva o un diseño innovador.

Otro elemento estratégico es la segmentación, que implica ajustar la oferta a distintos perfiles de consumidores. Una marca deportiva, por ejemplo, puede diseñar una línea para deportistas profesionales y otra más informal para el día a día. También es necesario tener en cuenta el ciclo de vida del producto, que pasa por fases de introducción, crecimiento, madurez y declive. Comprender estas etapas permite saber cuándo lanzar novedades o retirar productos obsoletos.

Por último, una buena cartera requiere actualización constante. Las empresas que revisan y renuevan su oferta de forma regular logran mantenerse competitivas. Esto es evidente en sectores como el de los smartphones, donde cada año se lanzan versiones nuevas con mejoras técnicas.

U. A. 10. El telemarketing

Resumen

Internet ha modificado profundamente la forma en que las empresas interactúan con sus clientes. Gracias a su alcance global, la comunicación es más rápida, directa y personalizada. Las empresas pueden captar clientes a través de múltiples canales como el SEO, las redes sociales, el marketing de contenidos o el email marketing. La segmentación del mercado es ahora más precisa, ya que se basa en datos demográficos, geográficos, de comportamiento o intereses.

Además, Internet actúa como un canal de distribución directo, eliminando intermediarios y facilitando la automatización. También permite optimizar la gestión de la cartera de productos, adaptándola al ciclo de vida de cada producto y a los distintos perfiles de clientes.

U. A. 10. El telemarketing

Glosario

Chatbot

Programa automatizado que simula conversaciones humanas para asistir al cliente en tiempo real.

Ciclo de vida del producto

Etapas por las que pasa un producto desde su lanzamiento hasta su retirada del mercado.

Comunicación bidireccional

Interacción entre empresa y cliente donde ambos pueden expresar ideas, dudas o sugerencias.

Dropshipping

Modelo de negocio en el que la tienda vende productos que no almacena; el proveedor envía directamente al cliente.

Email marketing

Estrategia basada en el envío de correos electrónicos personalizados para informar, promocionar o fidelizar.

Marketing de contenidos

Creación de contenido relevante para atraer, informar y convertir a los usuarios en clientes.

Marketplace

Plataforma online donde distintos vendedores ofrecen sus productos a través de un mismo sitio web.

Segmentación

División del mercado en grupos homogéneos para adaptar mejor los mensajes y productos.

SEO

Optimización de sitios web para aparecer en los primeros resultados de los buscadores de forma orgánica.

Telemarketing

Técnica de marketing que usa medios telefónicos y digitales para contactar con clientes actuales o potenciales.

Ejercicios de evaluación final

1. ¿Cuál es una ventaja directa de usar Internet en el telemarketing?

a. Permite una segmentación más precisa del público.

b. Obliga a usar solo llamadas telefónicas.

c. Elimina la necesidad de conocer al cliente.

d. Reduce el número de canales de comunicación.

2. ¿Qué tipo de segmentación se basa en el estilo de vida y los valores del consumidor?

a. Demográfica.

b. Geográfica.

c. Psicográfica.

d. Conductual.

3. ¿Qué estrategia consiste en mejorar la posición de una web en los resultados de búsqueda?

a. Email marketing.

b. SEO.

c. *Dropshipping*.

d. Publicidad tradicional.

4. ¿Cuál de estos canales permite una comunicación inmediata y automatizada con los usuarios?

a. Publicidad en revistas.

b. Llamadas a puerta fría.

c. Chatbots integrados en la web.

d. Cartelería en tiendas.

5. ¿Qué ventaja ofrece el comercio electrónico como canal de distribución?

    a. Mayor control sobre la atención presencial.

    b. Costes más elevados.

    c. Mayor comodidad para el cliente.

    d. Limitación al mercado local.

6. ¿Qué permite el análisis del ciclo de vida de un producto?

    a. Aumentar el precio al azar.

    b. Saber cuándo lanzar novedades o retirar productos.

    c. Ignorar las fases de declive.

    d. Mantener todos los productos siempre disponibles.

7. ¿Cuál es el objetivo principal del marketing de contenidos en telemarketing digital?

    a. Ofrecer descuentos en tiendas físicas.

    b. Crear contenido atractivo que atraiga a potenciales clientes.

    c. Realizar llamadas masivas.

    d. Promover el contacto presencial.

8. ¿Qué caracteriza al modelo *dropshipping*?

    a. La empresa almacena todos los productos.

    b. Los productos se venden sin pasar por Internet.

    c. El proveedor envía directamente al cliente.

    d. Se necesita tienda física.

9. ¿Qué canal se utiliza especialmente para reforzar el vínculo entre usuarios y marca mediante conversaciones entre clientes?

a. Correo postal.

b. Llamadas grabadas.

c. Foros o comunidades online.

d. Publicidad en TV.

10.¿Qué papel cumplen las redes sociales en el telemarketing digital?

a. No tienen relevancia comercial.

b. Solo sirven para entretenimiento.

c. Facilitan la interacción directa con el público.

d. Sustituyen al email marketing por completo.

U. A. 10. El telemarketing

Aplicaciones prácticas

Aplicación práctica 1. Estrategia de digitalización

U. A. 1. Aportación de las TIC al negocio: nuevas oportunidades

Lindëra es una tienda de productos ecológicos que solo opera online. El equipo está formado por cuatro personas que viven en distintas ciudades, por lo que toda la gestión se hará de forma digital. Tu misión es diseñar una estrategia simple para que Lindëra pueda organizar su trabajo, comunicarse con los clientes, vender por Internet y compartir información de manera eficiente usando TIC.

- Comunicación interna del equipo: ¿Qué herramienta usarás para hablar con tu equipo a diario? (Slack, Microsoft Teams, Telegram, etc.) Justifica por qué la eliges.
- Almacenamiento y trabajo compartido: ¿Dónde guardaréis los catálogos, precios y hojas de pedidos para que todo el equipo acceda desde cualquier lugar? (Google Drive, Dropbox, etc.)
- Atención al cliente online: ¿Qué canales usaréis para responder dudas de clientes? (Instagram, WhatsApp Business, correo, chat en la web, etc.)
- Estructura de trabajo: ¿Seguiréis una jerarquía tradicional o una estructura horizontal? ¿Por qué?
- Modelo de trabajo: ¿Trabajaréis de forma remota, híbrida o con encuentros presenciales ocasionales? ¿Qué ventajas tiene esta modalidad para Lindëra?

Justifica tus respuestas y crea un pequeño informe o presentación explicando cómo se organiza Lindëra digitalmente. Puedes usar texto, una tabla, un mapa mental, una infografía o una grabación. Lo importante es que demuestres que sabes aplicar herramientas TIC y razonar tu elección.

Aplicación práctica 2. Plan estratégico TIC

U. A. 3. Necesidades en TIC de las distintas organizaciones empresariales

Imagina que formas parte del equipo directivo de Lindëra. Hasta ahora habéis funcionado bien con herramientas básicas, pero el aumento de pedidos, la gestión del equipo y las exigencias del mercado hacen necesario dar un paso adelante: profesionalizar la infraestructura tecnológica de la empresa. La meta es mejorar la atención al cliente, proteger los datos, automatizar tareas repetitivas, y tomar decisiones más informadas basadas en datos reales.

Tu tarea consiste en elaborar una propuesta de plan estratégico TIC para el próximo año, adaptado a una pyme como Lindëra, que apuesta por la sostenibilidad, la colaboración y la eficiencia. Para ello, desarrolla los siguientes apartados de forma clara, con ejemplos y justificaciones:

- ¿Qué tareas se podrían automatizar para ahorrar tiempo y reducir errores? ¿Qué herramientas usarías para ello?
- Necesitáis saber qué productos se venden más, cuándo compran los clientes, cuánto tiempo pasan en la web, etc. Explica qué tipo de datos deberíais analizar, qué herramienta concreta recomendarías, y por qué sería útil para la empresa.
- Con el crecimiento, también aumenta el riesgo de ataques y pérdida de datos. Describe al menos tres medidas de ciberseguridad que aplicarías. También explica cómo formarías al equipo para que todos conozcan los riesgos y sepan evitarlos.
- Como empresa digital cuenta con trabajadores/as en distintas ubicaciones, por lo que es importante poder colaborar de forma eficiente sin depender de reuniones presenciales. ¿Qué herramienta o conjunto de herramientas usarías para compartir documentos, organizar tareas y comunicaros a diario?
- Las pymes no pueden permitirse grandes inversiones en software. Por eso, el modelo SaaS (Software as a Service) es ideal. Menciona al menos dos herramientas SaaS que incorporarías al funcionamiento habitual de la empresa, y explica por qué este modelo es adecuado para un negocio que necesita escalar sin complicarse con servidores, instalaciones o mantenimiento técnico.

- Señala qué indicadores o métricas usarías para comprobar si las medidas están funcionando: ¿Menor número de errores? ¿Más visitas a la web? ¿Mejores tiempos de respuesta?

- Por último, ¿por qué es importante que incluso una empresa pequeña como Lindëra tenga una estrategia digital clara? ¿Qué ventajas crees que ofrece adoptar tecnologías como la IA, la nube o la automatización?

Aplicación práctica 3. Plan de negocio TIC

U. A. 5. Planes de negocio en TIC: la planificación de los sistemas de información

Imagina que te han contratado como asesor digital para una frutería de barrio que lleva años funcionando con procesos manuales: los pedidos se anotan en una libreta, las cuentas se hacen con calculadora, y no tiene página web ni presencia en redes sociales. La dueña quiere modernizar su negocio para vender online, llevar mejor el control del stock y mejorar la atención al cliente.

Describe brevemente qué aspectos positivos y negativos detectas en el sistema actual: puntos fuertes actuales, problemas actuales y oportunidades para mejorar. Haz una pequeña tabla o lista con al menos cuatro requisitos funcionales y dos no funcionales para el nuevo sistema de información que necesita. Además, con tus ideas, elabora un pequeño plan básico de tres pasos que la dueña pueda implementar para digitalizar su negocio.

Aplicación práctica 4. Uso de sistemas integrados de gestión

U. A. 7. Marketing en la nueva economía

Una joven emprendedora ha lanzado su propia tienda de moda sostenible a través de internet. Vende ropa ecológica por temporadas, promociona sus productos en redes sociales y realiza los envíos desde un pequeño almacén local. Aunque tiene buena acogida empieza a tener problemas, como:

- Algunos clientes repiten compras, pero ella no tiene datos claros sobre quiénes son ni qué prefieren.
- A veces lanza ofertas en Instagram, pero los productos se agotan antes de que pueda actualizar su stock.
- El seguimiento de los pedidos es manual, y ha habido retrasos en algunas entregas.
- Los correos electrónicos de marketing los escribe uno a uno, lo que le lleva mucho tiempo.
- Le gustaría automatizar parte de su trabajo y entender mejor a sus clientes.

Ha oído hablar de los CRM y los SCM, e incluso de integrar ambos en un ERP, pero no sabe por dónde empezar.

1. Haz una breve lista con cuatro problemas concretos que está teniendo, indicando a qué área se relacionan (CRM, SCM o ambos).
2. Elige tres herramientas tecnológicas concretas (una CRM, una SCM y un ERP) que crees que podría utilizar, y explica brevemente para qué le serviría cada una.
3. Imagina que quiere lanzar una nueva colección cápsula para primavera. Explica en cuatro pasos integrados cómo debería organizar su proceso de venta usando CRM y SCM conectados, desde la campaña hasta la entrega.

Aplicación práctica 5. Gestión por procesos

U. A. 8. Procesos de negocio

Una panadería artesanal conocida en el barrio por sus productos naturales, se ha dado cuenta que a medida que crece su clientela y empieza a ofrecer pedidos online, le surgen varios problemas:

- El equipo no sigue un orden claro para la producción ni para los envíos.
- A veces faltan ingredientes porque nadie controla bien el stock.
- Las tareas se repiten o se olvidan (por ejemplo, imprimir tickets de entrega).
- Se tardan horas en organizar los turnos del personal y responder a mensajes de clientes.
- Cada área (obrador, atención, reparto) trabaja por separado, sin saber qué hacen los demás.

Quieren que todo funcione mejor y han oído hablar de algo llamado "gestión por procesos" y herramientas digitales como ERP o BPM, pero no saben cómo empezar.

Para ayudarlos, haz una lista de cuatros procesos clave que existen en este comercio e indica para cada uno:

Entrada (qué lo inicia)	Proceso (qué se hace)	Salida (qué se obtiene)

Aplicación práctica 6. Propuesta de e-commerce

U. A. 9. El comercio electrónico

Imagina que tienes que crear una pequeña tienda online para vender un producto o servicio que te guste (puede ser ropa, productos artesanales, ebooks, clases online, etc.). Diseña una propuesta básica de e-commerce que incluya los siguientes elementos:

1. **Descripción de la tienda:**
   o   Nombre de la tienda.
   o   Qué vendes.
   o   Público objetivo.
   o   ¿Qué te hace diferente?

2. **Aspectos tecnológicos:**
   o   ¿Qué plataforma utilizarías? ¿Por qué?
   o   ¿Qué método de pago digital vas a ofrecer?
   o   ¿Cómo protegerías los datos del cliente?

3. **Plan de marketing:** ¿Cómo darías a conocer tu tienda? Elabora un ejemplo de publicación en Instagram para atraer clientes (máximo 300 caracteres).

4. **Aspectos legales:** Menciona dos derechos que debe tener tu cliente según la normativa española. ¿Qué datos personales recogerás y cómo los vas a proteger?

Aplicaciones prácticas

Ejercicio de evaluación final

1. ¿Qué ventaja ofrece el teletrabajo bien gestionado?

   a. Mayor rigidez horaria.

   b. Mejora de la conciliación personal y laboral.

   c. Reducción de la autonomía.

   d. Aumento de los costes operativos.

2. ¿Cuál de los siguientes es un ejemplo claro de TIC?

   a. Un archivador físico.

   b. Un buzón de sugerencias.

   c. Google Drive.

   d. Una reunión presencial.

3. ¿Qué busca la gestión de la continuidad del servicio?

   a. Aumentar el número de reuniones de TI.

   b. Instalar más hardware.

   c. Mantener o recuperar servicios críticos ante incidentes.

   d. Automatizar la contabilidad.

4. ¿Qué función cumple la gestión del conocimiento en un Service Desk?

   a. Requiere más recursos humanos.

   b. Informa sobre errores del sistema.

   c. Soluciona problemas repetitivos con más rapidez.

   d. Gestiona cuentas de usuario.

5. ¿Qué tecnología permite automatizar tareas repetitivas?

a. Power BI.

b. Google Workspace.

c. Bitdefender.

d. Zapier.

6. ¿Qué es una buena práctica en ciberseguridad?

a. Usar siempre la misma contraseña.

b. Activar la verificación en dos pasos.

c. Compartir claves con el equipo.

d. Guardar la clave en un post-it.

7. ¿Qué riesgo habitual puede surgir al externalizar servicios TIC?

a. Aumento de control interno.

b. Mejora de la innovación.

c. Problemas por diferencia horaria.

d. Reducción de costes.

8. ¿Qué tipo de empresa es Salesforce?

a. Servicios en la nube.

b. CRM empresarial.

c. Seguridad informática.

d. Desarrollo de hardware.

9. ¿Qué se busca evitar mediante una planificación estructurada de las TIC?

a. Supervisión técnica.

b. Inversiones improvisadas y descoordinadas.

c. Evaluación de procesos.

d. Uso de herramientas colaborativas.

10.¿Qué organismo elabora estudios sobre digitalización en España?

a. Red.es

b. ONTSI.

c. INE.

d. INCIBE.

11.¿Qué define a una cultura organizativa innovadora?

a. Rechazo al cambio.

b. Jerarquía rígida.

c. Fomento de la participación y aprendizaje continuo.

d. Aislamiento tecnológico.

12.¿Cuál es una barrera típica para la transformación digital?

a. Inversión en nuevos sistemas.

b. Falta de liderazgo digital.

c. Apoyo institucional.

d. Uso de la nube.

13.¿Qué permite la firma electrónica?

a. Ver contenido multimedia.

b. Garantizar autenticidad e integridad de documentos.

c. Acceder a redes sociales.

d. Crear páginas web.

14.¿Cuál de estos elementos es esencial en un certificado digital?

a. El nombre comercial de la empresa.

b. La dirección IP.

c. La clave pública del titular.

d. El número de cuenta bancaria.

15.¿Cuál es una función de un certificado digital en una empresa?

a. Enviar correos masivos.

b. Garantizar la identidad en procesos digitales.

c. Controlar el volumen de ventas.

d. Gestionar bases de datos.

16.¿Qué garantiza la Ley de Protección de Datos?

a. El acceso a cualquier sistema.

b. La cesión libre de información.

c. El tratamiento justo y seguro de los datos personales.

d. El uso comercial de perfiles sin consentimiento.

17.¿Qué ventaja ofrece el comercio electrónico?

    a. Limitación de horarios.

    b. Reducción de la oferta.

    c. Posibilidad de comprar desde cualquier lugar.

    d. Uso obligatorio de efectivo.

18.¿Qué plataforma actúa como *marketplace*?

    a. Shopify.

    b. Amazon.

    c. Moodle.

    d. WordPress.

19.¿Qué canal permite vender sin tener stock propio?

    a. Tienda física.

    b. Dropshipping.

    c. Blog corporativo.

    d. Publicidad tradicional.

20.¿Qué herramienta mejora el posicionamiento orgánico?

    a. Google Ads.

    b. Email marketing.

    c. SEO.

    d. CRM.

Solucionario

U. A. 1. Aportación de las TIC al negocio: nuevas oportunidades

1. a	**6.** b
2. c	**7.** a
3. c	**8.** d
4. a	**9.** c
5. d	**10.** c

U. A. 2. Organización empresarial: estrategias en la TIC

1. b	**6.** c
2. c	**7.** a
3. b	**8.** c
4. a	**9.** b
5. c	**10.** b

U. A. 3. Necesidades en TIC de las distintas organizaciones empresariales

1. c	**6.** c
2. d	**7.** c
3. a	**8.** a
4. c	**9.** c
5. b	**10.** d

U. A. 4. Desarrollo y externalización de sistemas

1. b	**6.** d
2. b	**7.** b
3. d	**8.** b
4. b	**9.** a
5. a	**10.** d

U. A. 5. Planes de negocio en TIC: la planificación de los sistemas de información

1. a	**6.** c
2. c	**7.** a
3. b	**8.** c
4. c	**9.** c
5. b	**10.** c

U. A. 6. La seguridad en las transacciones comerciales en internet

1. b	**6.** c
2. c	**7.** b
3. b	**8.** b
4. b	**9.** b
5. b	**10.** a

U. A. 7. Marketing en la nueva economía

1. a   **6.** c

2. c   **7.** c

3. b   **8.** c

4. a   **9.** c

5. b   **10.** b

U. A. 8. Procesos de negocio

1. c   **6.** a

2. b   **7.** b

3. c   **8.** c

4. d   **9.** b

5. c   **10.** c

U. A. 9. El comercio electrónico

1. a   **6.** a

2. c   **7.** a

3. d   **8.** c

4. a   **9.** a

5. b   **10.** d

U. A. 10. El telemarketing

1. c

2. b

3. c

4. d

5. c

6. a

7. b

8. c

9. b

10. c